先生は
どう思います？

ん？
オレ？
先生？
実はこの方独立開業コンサルタントをしている
吉村ですよろしく
独立開業
コンサルタント
（休業中）
吉村 大輔（よしむら だいすけ）
何を隠そう吉村先生は私の大恩人なんですよ
このお店も先生のおかげで
こうして何年も続くお店になったんです
独立開業
コンサル
あの…！
私会社を辞めて独立したいんです!!

本書の特長と見方

本書は全6章立て。
「マンガ」と「ケーススタディ」「解説&図解」で
基本も実務もしっかり学べる構成になっています。

- 第1章 個人事業の基礎知識
- 第2章 事業計画を立てる
- 第3章 事業スタートの準備
- 第4章 事業を上手に運営するノウハウ
- 第5章 個人事業の経理のコツ
- 第6章 個人事業と税金

が マンガ／ケーススタディ／解説&図解 でわかる！

マンガ

各章の全体的な内容をストーリーマンガで解説！
図やイラストでの説明もあるので、マンガを読むだけでも基本が理解できます。

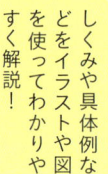

しくみや具体例などをイラストや図を使ってわかりやすく解説！

必要に応じて、専門的な用語を解説！

登場人物たちの会話を読んでいくことで、基本的な内容が理解できる！

ケーススタディ

各章末で、よくあるケースや失敗しがちなケースをマンガで紹介。原因と具体的な対策について解説しています。

ケースごとに必要な対策を図やイラストで紹介

各ケースに対処する方法、事前・事後対策などがわかる！

マンガで個人事業者がおちいりがちなケースを紹介！

マンガの状況におちいった原因や問題点をくわしく解説

解説&図解

テーマごとに文章と図で解説しています。右上のアイコンで説明する内容を3つに分類。知っておきたい「**基本知識**」、実際に考えてみる「**実践**」、届出等の記入例がわかる「**記入見本**」に分けられています。

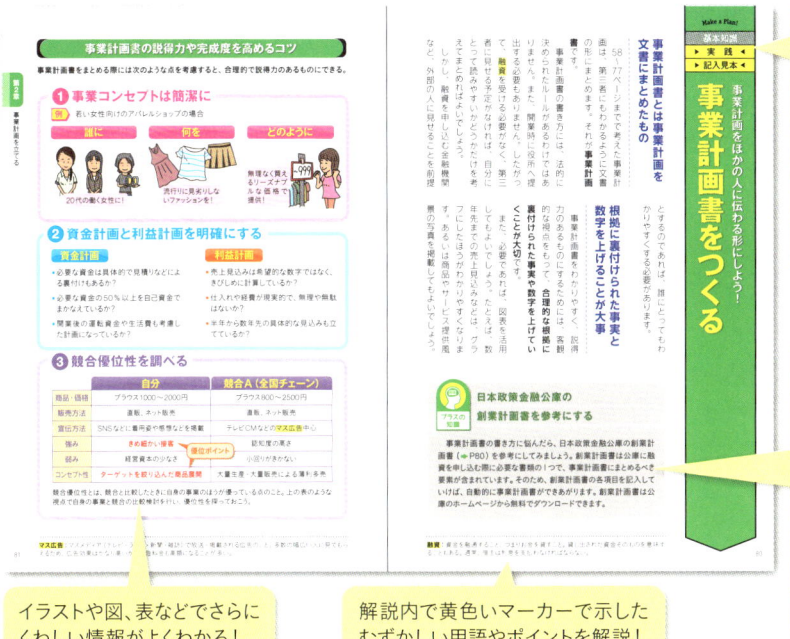

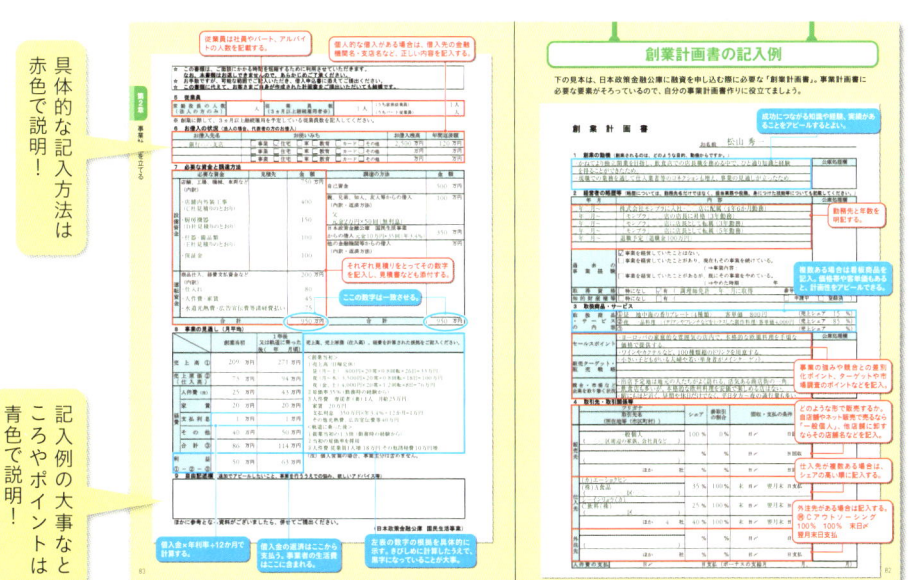

はじめに

　日本の開業率は5％程度と、諸外国と比べてかなり低い水準にあります。その理由としては、「起業後、収入が不安定になることに不安を感じる」「失敗した際の救済制度がない」「安定的な雇用を求める意識が高い」などが挙げられます。

　一方で、現在はITの進化により、事業によっては大きな設備投資をしなくても、パソコン1台から開業できる環境になりました。起業する人の約75％は法人ではなく、個人事業からスタートしています。個人事業は法人にくらべて開業手続きが簡単で、起業も廃業も届出を出すだけでいいという点が大きいでしょう。

　起業にリスクはつきもので、誰もが不安を感じるものです。しかし、想定されるリスクを知り、自分が責任を負える範囲の中で挑戦すれば、万が一、事業に失敗したとしても再チャレンジして復活することができます。

　ですから、個人事業にチャレンジしたい思いがあるのなら、一歩踏み出す勇気をもって前に進んでください。その際には、どんなリスクがあるかをあらかじめ理解し、成功するためのアプローチ方法を知ることが大切です。

　本書はマンガで個人事業を始めるために必要なことを解説しており、誰でも簡単に内容を理解できるようになっています。具体的には、個人事業の基本から、事業計画の立て方、開業準備・事業運営・経理・税務のやり方などの基礎知識までをひと通りまとめています。上手に事業運営するためのコツやリスクへの対処方法も満載です。

　これから起業しようと思っている方や不安を感じて迷っている方は、ぜひ本書を読んでいただき、事業成功へのみちしるべとしていただければ幸いです。

税理士　糸井 俊博

CONTENTS

本書の特長と見方 ... 2
はじめに ... 8

第1章 個人事業の基礎知識 15〜46

[マンガ・プロローグ] ... 10

[マンガ①] ... 16

個人事業の基本を理解しよう ... 28
個人事業のメリットとデメリットは？ ... 30
事業形態ごとの開業のポイント ... 32
事業形態01 独立店舗 ... 33
事業形態02 フランチャイズ ... 34
事業形態03 移動販売 ... 35
事業形態04 ネット販売 ... 36
事業形態05 SOHO（在宅ビジネス） ... 37
個人事業者の健康保険・年金制度 ... 38
独立開業までの準備と流れ ... 40
電子帳簿保存法とインボイス制度 ... 42

[ケーススタディ1]
▼予想外の出費で生活費を切り崩すはめに
開業前後の資金不足と対処法 ... 44

[成功のヒント1]
副業として始める場合は本業との兼ね合いに注意 ... 46

第2章 事業計画を立てる 47〜86

[マンガ②] ... 48

事業計画は目指すゴールを示すもの ... 60
事業コンセプトを決める ... 62
自分の棚卸しをする ... 64

- 事業運営のルールを決める ... 66
- 開業に必要なお金を計算する ... 68
  - 開業準備資金計算表 ① 開業資金 ... 69
  - 開業準備資金計算表 ② 運転資金 ... 70
  - 開業準備資金計算表 ③ 生活費 ... 71
- 利益計画を立てる ... 72
- 開業資金を調達する ... 74
- 日本政策金融公庫を活用する ... 76
- 開業に必要な資格と許認可を知る ... 78
- 事業計画書をつくる ... 80
  - サンプル 創業計画書の記入例 ... 82
- ケーススタディ2 計画が狂って借入金が返済できない
  - ▼借入金の返済と事業の立て直し ... 84
- 成功のヒント2 マイナンバー制度に適切に対応しよう ... 86

第3章 事業スタートの準備 87〜114

- [マンガ③] ... 88
- 開業場所と屋号を考える ... 96
- 事業に必要なアイテムをそろえる ... 98
- 事業開始の届出をする ... 100
- 青色申告事業者の特典を活用する ... 102
  - サンプル 個人事業の開業・廃業等届出書の記入例 ... 104
  - サンプル 事業開始等申告書の記入例 ... 106
  - サンプル 所得税の青色申告承認申請書の記入例 ... 108
  - サンプル 青色事業専従者給与に関する届出書の記入例 ... 110
- ケーススタディ3 イマイチな立地で開業したけど…
  - ▼よい立地の不動産を見つけるポイント ... 112
- 成功のヒント3 商工会を活用して経営のアドバイスをもらおう ... 114

第4章 事業を上手に運営するノウハウ 115〜148

[マンガ④]
会計書類の作成と保管 ……116
- [サンプル] 見積書のつくり方 ……126
- [サンプル] 納品書のつくり方 ……128
- [サンプル] 請求書のつくり方 ……129
- [サンプル] 領収書のつくり方 ……130
- 契約書の見方とポイント ……131
- お客さんを増やすための手段 ……132
- 事業規模が大きくなったときの選択肢 ……134
- 従業員を雇うときのポイント ……138
- 従業員に関わる保険への加入 ……140
- 従業員を採用するときの手続き ……142
- [ケーススタディ4] 納品したのに支払いがない… ……144
  ▼代金を確実に回収するための対策 ……146

成功のヒント4 事業をやめるときに備えたリスク対策 ……148

第5章 個人事業の経理のコツ 149〜188

[マンガ⑤] ……150
経理によって経営状況を把握する ……162
経費のしくみとポイント ……164
簿記と帳簿の基本としくみ ……166
- [5つの帳簿のつけ方] ① 現金出納帳 ② 預金出納帳 ……167
- [5つの帳簿のつけ方] ③ 売掛帳 ④ 買掛帳 ……168
- [5つの帳簿のつけ方] ⑤ 経費帳 ……169
月次決算で業績を把握する ……170
[サンプル] 資金繰り表のつくり方の例 ……171
決算の流れを理解する ……172
決算整理① 棚卸資産の評価と計算 ……174

サンプル	決算整理② 減価償却の計算	176
サンプル	決算整理③ 年をまたぐお金の処理	178
サンプル	青色申告決算書2・3ページ目の記載例	179
	1年間の業績を決算書にまとめる	180
サンプル	損益計算書の構成とポイント	181
サンプル	貸借対照表の構成とポイント	182
ケーススタディ5	売上はあるのに黒字体質にならない	184
	▼利益を出すために固定費を見直す	
ケーススタディ6	経費計上の仕方で税金のがれを疑われた	186
	▼家事按分での節税の仕方	
成功のヒント5	専門家の力を頼って不安や悩みを解消する	188

第6章 個人事業と税金　189〜223

[マンガ⑥]		190
	個人事業にかかる税金	202
	所得税の計算の仕方	204
	所得控除の制度を利用する	206
	所得税の確定申告書を作成する	208
サンプル	B様式の第一表と第二表の記入例	210
	消費税のしくみを理解する	212
	消費税の計算の仕方	214
	住民税と事業税のしくみ	216
	知っておきたい節税のノウハウ	218
ケーススタディ7	申告・納税後に間違いに気づいた	222
	▼納税金額の間違いへの対処法	

※本書は特に明記しない限り、2025年4月1日現在の情報にもとづいています。

第1章

個人事業の基礎知識

個人事業を始めるために、
まずは「個人事業とは何か」を知ることが大切。
法人との違いや開業時における業態別のポイント、
開業までに必要な準備と流れをチェックし、
個人事業の基本を理解しましょう。

Check! 収入を得る形の違い

▶ 個人事業
事業で得た利益はそのまますべて個人のものになる。

クライアント / 事業者

▶ 株式会社等
社長は会社から役員報酬等を受け取る形で収入を得る。

クライアント / 会社 / 事業者

利益 / 会社 / 事業者

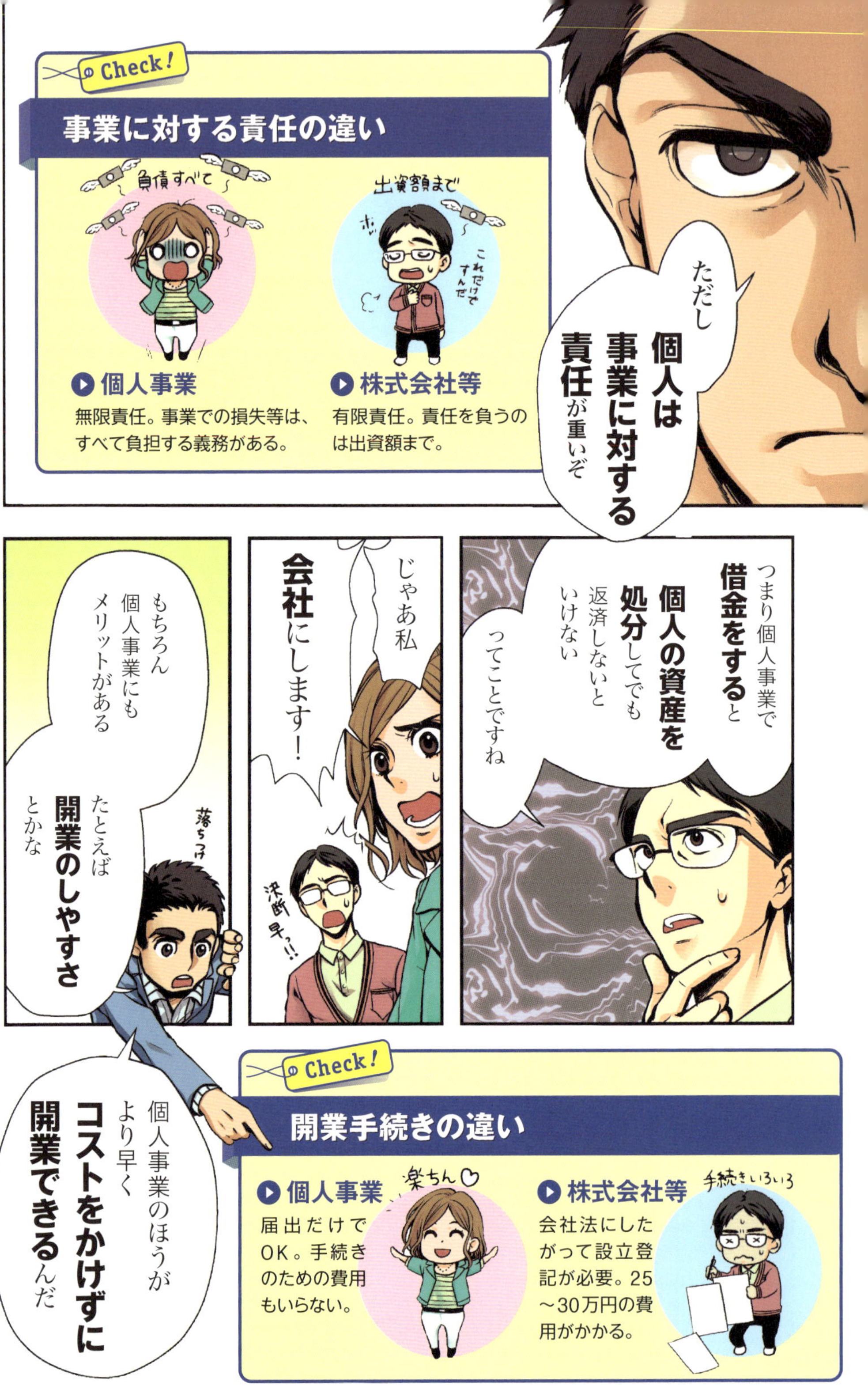

事業に対する責任の違い

▶ 個人事業
無限責任。事業での損失等は、すべて負担する義務がある。

▶ 株式会社等
有限責任。責任を負うのは出資額まで。

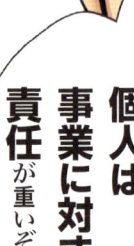

ただし個人は事業に対する責任が重いぞ

つまり個人事業で借金をすると個人の資産を処分してでも返済しないといけないってことですね

じゃあ私会社にします！

落ちつけ　決断早っ!!

もちろん個人事業にもメリットがある

たとえば**開業のしやすさ**とかな

個人事業のほうがより早く**コストをかけずに**開業できるんだ

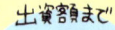

開業手続きの違い

▶ 個人事業
届出だけでOK。手続きのための費用もいらない。

▶ 株式会社等
会社法にしたがって設立登記が必要。25～30万円の費用がかかる。

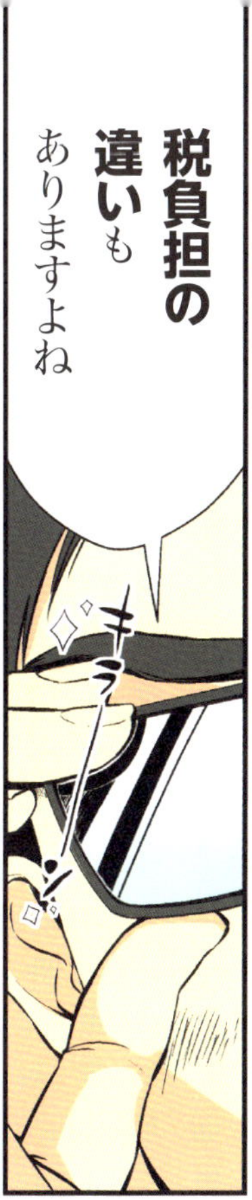

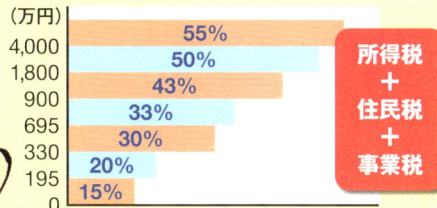

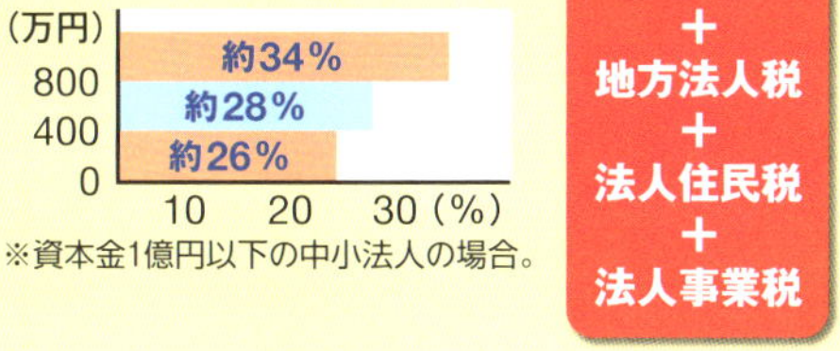

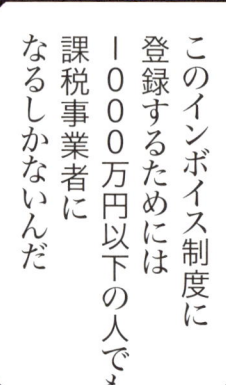

※課税事業者のしくみは→P212

Check! 近年の主な法改正

▶ **電子帳簿保存法**
保存義務のある経理関係の帳簿・書類などを「電子データ」として保存するルールを定めた法律。改正により、「電子取引」のデータ保存が罰則つきで義務化されるなどした。

▶ **インボイス制度**
適用税率や適格請求書発行事業者の登録番号などを明記した適格請求書の交付・保存を義務づける制度。消費税の仕入税額控除を受けるためには、適格請求書が必要になった。

思い当たる節がありそうだな…

じゃあ今度は個人事業者と会社員の「信用度」の違いを考えてみようか

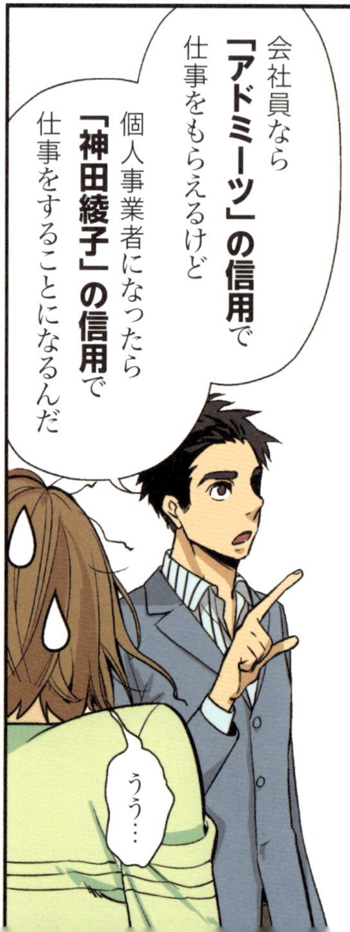

会社員なら「アドミーツ」の信用で仕事をもらえるけど

個人事業者になったら「神田綾子」の信用で仕事をすることになるんだ

うう…

Check!

社会での信用度の違い

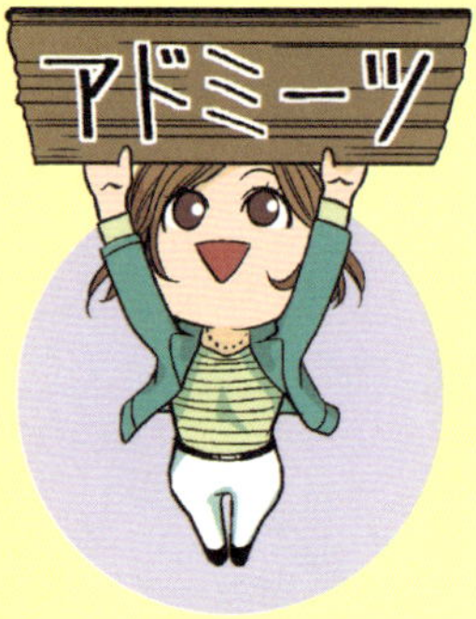

▶ **会社員**
会社の看板で仕事をする。

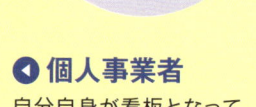

社員のミスやトラブルがあっても、**会社の信用があれば**取引を続けられる。

◀ **個人事業者**
自分自身が看板となって仕事をする。

事業者のミスやトラブルが**ダイレクトに信用に響く**ので、取引を打ち切られやすくなる。

Check! 開業までのスケジュールの例

1年前
- 事業内容の決定
- 事業コンセプトの決定

半年前
- 資金計画を立てる
- 事業計画書の作成

3か月前
- 退職手続き
- 開業場所の決定
- 屋号・営業ルールの決定

1か月前
- 設備・備品・営業ツールをそろえる
- 口座の開設と印鑑作成

開業後1か月以内
- 各種届出書の提出
- 取引書類・証憑書類をそろえる
- 帳簿・会計ソフトをそろえる

Learn the basics!
▶ 基本知識 ◀
実 践
記入見本

個人事業の基本を理解しよう

個人事業はいいこともわるいことも全部自分のもの！

個人事業ではすべて個人の責任で行う

独立開業するにあたっては、大きく分けて2つの選択肢があります。1つめは個人事業、2つめは法人です。

個人事業では、事業を行う主体（事業主）は個人となります。一方、法人の場合、事業の主体は法人となります。

個人が事業主になる場合、**事業での活動によって得た利益はすべて個人のものになりますが、損失もすべて個人の負担**になります。

一方、法人が事業主になる場合は、事業によって得られた利益は法人のものになり、損失も法人が負うことになります。

《 個人事業と法人（株式会社）との違い 》

	個人事業	株式会社
開業手続き	税務署などへの**簡単な届出のみ**でOK	<u>会社法</u>で定められた登記手続きが必要
設立費用	**不要**	約30万円（登記等の手続きに必要）
資本金	**不要**	1円以上
事業に対する責任	**無限に責任を負う**	出資金の範囲に限定
事業の内容	**自由**に決められる	<u>定款</u>（ていかん）の範囲内で可能
事業の追加・変更	**自由**に行える	定款の変更が必要
事業の廃止	**税務署への届出のみ**でOK	廃業するには所定の手続きが必要
税金の負担	**利益が多くなると株式会社に比べて不利**	利益が多くなると個人事業に比べて有利
経費	株式会社に比べて**経費にできる範囲が狭い**	個人事業に比べて経費にできる範囲が広い
会計処理	**簡単**	複雑
決算報告	**なし**	必要
社会的信用度	**低い**	高い

会社法：会社の設立手順や組織の決め方、運営、資金調達の方法などについて定めた法律のこと。2006年の法改正によって、資本金1円から株式会社の設立が可能になった。

自分の力を最も発揮できる業種と業態を選ぼう

個人事業を始めるにあたって、まずは何を売るか（業種）とどう売るか（業態）を考えましょう。

おもな業種には、レストランやカフェなどの飲食業、コンビニや雑貨店などの小売業、理美容業や広告代理店業などのサービス業などがあります。特別な資格や許可が必要な場合を除いて、どの業種でも行うことができます。

また、業態としては、おもに**独立店舗、フランチャイズ、移動販売、ネット販売、SOHO（在宅ビジネス）**が挙げられます。資金力やこれまでの経験、業種の特性などを踏まえて、最も力が発揮できる方法を選びましょう。

また、事業で契約などを行った場合も同じで、たとえばお金を借りる契約を結んだ場合、個人事業ではその返済義務は個人が負うことになります。つまり、個人でつくった借金は仮に事業をたたんだあとでも返済義務は残ります。一方、それが法人の負った負債であれば、返済義務は個人にまでは及ばなくなるのです。

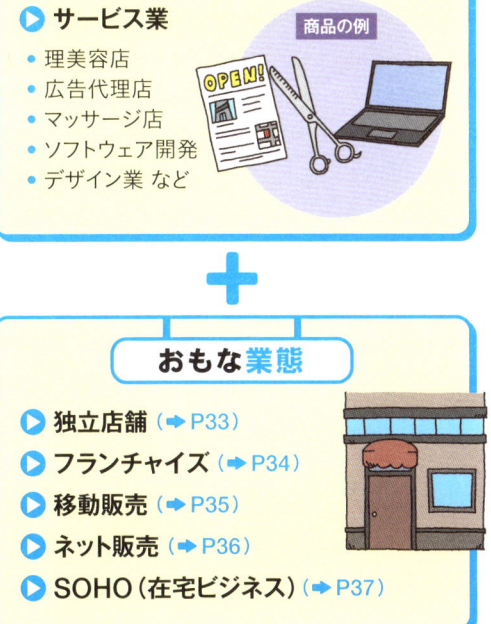

業種と業態を決めよう

おもな業種

▶ **飲食業**
- レストラン
- カフェ
- 居酒屋
- そば・うどん屋
- ファストフード など

商品の例

▶ **小売業**
- コンビニ
- スーパーマーケット
- 雑貨屋
- フラワーショップ
- アパレルショップ など

商品の例

▶ **サービス業**
- 理美容店
- 広告代理店
- マッサージ店
- ソフトウェア開発
- デザイン業 など

商品の例

＋

おもな業態

▶ 独立店舗（➡P33）
▶ フランチャイズ（➡P34）
▶ 移動販売（➡P35）
▶ ネット販売（➡P36）
▶ SOHO（在宅ビジネス）（➡P37）

定款：会社の目的や組織、運営などについて定めた法人の根本規則のこと。定款を変更するためには、一定の手続きが必要になる。

▶ 基本知識 ◀
実　践
記入見本

Learn the basics!

個人事業のメリットとデメリットは？

自由度が高くスピーディーに開業できるが、社会的な信用はイマイチ

会社員と比べて自由度が高い

個人事業者はいわば「社長」の立場となるので、会社員と比べて自分の思い通りに業務を行うことができます。

また、事業で得た収入を自由に使えるなどのメリットがあります。

一方、個人事業者には安定した収入を得にくい、労働基準法などの労働法規によって守られていないなどのデメリットがあります。たとえば、会社員であれば、病気になって仕事を休んだとしても有給休暇などの制度によって収入を確保することができます。しかし、個人事業者にそのような保障はありません。

開業はスムーズだが社会的信用は低い

法人と比べた場合、個人事業は設立時に定款（ていかん）の作成や設立登記などといった面倒な手続きも、そのための費用も必要ないので、開業をよりスピーディーに進めることができます。

また、法人の場合には、自分が仕事で稼いだお金であっても、私用で自由に使うことはできません。たとえ社長であったとしても、利益は会社のお金になり、個人のものになるわけではないからです。出資者がほかにもいる場合には通常、配当も行わなければなりません。それに対して、個人事業者は仕事で稼いだお金の使い道を自分で自由に決めることができます。

一方、法人と比べたときの個人事業の大きなデメリットは、一般的に社会的信用が低いことです。法人に比べて個人は事業資金が少なく、経営リスクが高いとみなされているからです。そのため、金融機関からの融資のハードルが高くなりがちです。また、企業によっては、個人事業者とは取引をしないところもあります。

さらに基本的に税負担、利益が多くなるほど、個人事業のほうが大きくなります。たとえば、法人に課される法人税に比べると、個人事業に課される所得税のほうが最高税率が高くなっています。経費も、個人事業よりも法人のほうが幅広く認められています。

登記：法に定められた所定の事柄を法務局で記録し、公開すること。株式会社では代表取締役の氏名、住所なども登記する必要がある。

第1章 個人事業の基礎知識

個人事業者を法人や会社員と比べてみると？

法人と比較

メリット
- 登記手続きや定款の作成が不要で、設立費用もかからない。
- 事業で稼いだお金を個人で自由に使える。
- 税務申告や会計処理の手続きが簡単。
- 経営方針を自分で自由に決められる。

デメリット
- 事業の損失は、すべて個人で負わなければならない。
- 所得が高くなるにつれて、税金の負担が大きくなる可能性がある。
- 社会的信用が低いので、融資を得にくく、よい人材が集まりにくい。

会社員と比較

メリット
- 事業で大きな成果を上げれば、それだけ自分の収入がアップする。
- 自分の意思で、自由に働く時間や休日を決められる。
- 個人的なスキルを存分に発揮することができる。

デメリット
- 安定した収入が保障されていない。
- 労働法の保護を受けられない。
- バックオフィス（総務・経理・人事）やセールス（営業・広告宣伝）、マネジメント（経営）などの仕事も、すべて自分で行わなければならない。

個人事業と法人でみる税金負担の違い

●個人事業
超過累進課税方式：課税所得が多いほど、税率が高くなる。

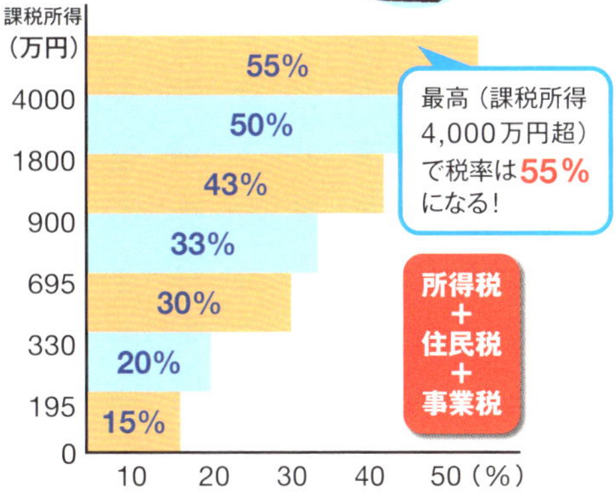

課税所得（万円）
- 4000: 55%
- 1800: 50%
- 900: 43%
- 695: 33%
- 330: 30%
- 195: 20%
- 0: 15%

最高（課税所得4,000万円超）で税率は**55%**になる！

所得税＋住民税＋事業税

●法人
比例税率方式：課税所得に応じて3段階の税率で計算する。

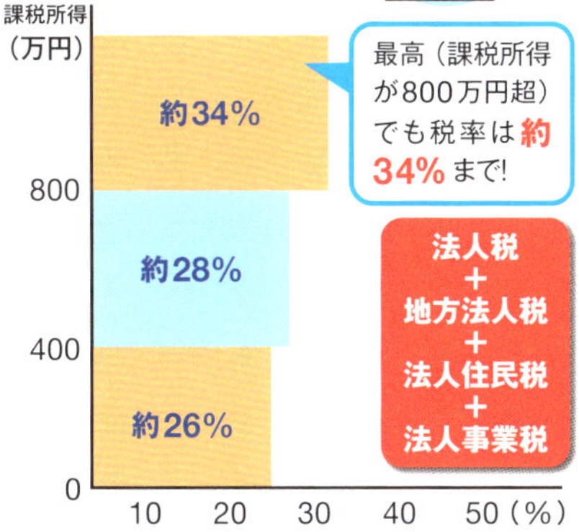

課税所得（万円）
- 800: 約34%
- 400: 約28%
- 0: 約26%

最高（課税所得が800万円超）でも税率は約**34%**まで！

法人税＋地方法人税＋法人住民税＋法人事業税

※事業所得（→P204）が290万円を超える場合には、その超える部分について事業税（3〜5％）を加算。
※2037年12月31日までは、所得税に復興特別所得税2.1％が上乗せされる。
※資本金1億円以下の中小法人の場合。

つまり 所得が増えるにつれて**個人事業のほうが税負担が高くなる**可能性がある！

出資者：株式などの形で企業に対して資金を提供する人。株式会社の場合は株主ともいい、株主と経営者が同じ人物の会社もあれば、違う人物の会社もある。

Learn the basics!
▶ 基本知識 ◀
実　践
記入見本

自分に合ったスタイルで開業しよう！ 事業形態ごとの開業のポイント

選べる事業形態は大きく分けて5つ

個人事業のおもな事業形態としては、①独立店舗、②フランチャイズ、③移動販売、④ネット販売、⑤SOHO（在宅ビジネス）の5つがあります。

①**独立店舗**……店をかまえて商品の販売、飲食やサービスの提供を行う。

②**フランチャイズ**……フランチャイザー（本部）と契約を結び、加盟金とロイヤリティを納める代わりに、商標マークの使用を認められ、経営ノウハウの提供や仕入れなどのサポートを受ける。

③**移動販売**……移動販売車などを使い、街中などで商品を販売する。

④**ネット販売**……インターネットサイトなどを通じて、商品を販売する。

⑤**SOHO（在宅ビジネス）**……自宅で作業し、サービスを提供する。

どの事業形態がよいかは、開業する業種と合わせて考える必要があります。たとえば飲食業であれば、独立店舗、フランチャイズ、移動販売のいずれかから選ぶことになります。また、オリジナリティあふれる雑貨などを売る小売業であれば、店舗販売よりもネット販売のほうがビジネスチャンスが大きくなるかもしれません。

次ページから事業形態別のポイントをまとめています。メリットやデメリットを踏まえて、自分に合った事業形態を選ぶようにしましょう。

気をつけよう！

資金不足のときには時期の延期や計画の見直しを！

事業形態を決める際には、資金についても考慮する必要があります。とくに独立店舗で飲食業を行う場合には、テナントの契約料や内外装工事費、調理設備などの購入などで1000万円単位の資金が必要になることがあります。資金の工面がむずかしそうな場合は、開業時期の延期やより少ない金額で始められる事業形態に変えることも検討してみましょう。

相見積り：1つの案件について、複数の業者に見積りを出してもらうこと。その中からより安い業者に依頼するなど、比較検討ができるようになる。

《 事業形態別のチェックポイント 》

事業形態 ▶ 01

独立店舗

▶資金の目安
200万～3100万円

前家賃・仲介料など	40～200万円
礼金・保証金	60～100万円
内外装工事費	50～1500万円
設備購入費	30～500万円
仕入れ	10～500万円
その他	20～300万円

▶業種例
- 小売店
- 飲食店
- 理美容室
- アパレルショップ
- 雑貨屋
- 古書店
- リサイクルショップ
- エステショップ　など

売上アップのポイント

ターゲットに合った立地を選ぶ！
- 個人向けなら駅近く。
- ファミリー向けなら住宅街。

近隣住民に存在をアピールする！
- 地元のフリーペーパーに広告を出す。
- 駅周辺や店舗周辺でチラシを配る。
- 新聞に折込チラシを入れる。

COST コストを抑えるポイント

工事前に相見積りをとる！
- 相場感がわかり、価格交渉を行いやすくなる。
- より安い業者を選ぶことで工事費を抑えられる。

居抜き物件を利用する
- 前のお店の設備を使えるので設備費などを抑えられる。
- 内装工事の期間を短くでき、より早く開業できる。

思わぬ落とし穴

内外装工事に予想以上の時間がかかり、オープン日が遅れた！

開業日がずれ込めば、資金のやりくりが苦しくなるので、**工事期間も考慮した収支計画を立てておく**。

物件を途中解約したら違約金を請求された！

最低契約年数などの条件があると、契約期間中に閉店せざるを得なくなったときに多額の違約金の支払いを求められることがある。**契約前に物件の契約期間を確認しておこう**。

居抜き物件：旧テナントの電気、空調、厨房設備などがそのままの状態になっている物件。内装工事にかかる費用を安く抑えることができるが、店内のレイアウトなどを自由に決めることはむずかしくなる。

事業形態 ▶ 02

フランチャイズ

▶ 資金の目安
300万〜4500万円

加盟金・研修費など	100〜500万円
前家賃・仲介料など	40〜200万円
礼金・保証金	60〜1000万円
内外装工事費	50〜1500万円
設備購入費	30〜500万円
仕入れ	10〜500万円
その他	20〜300万円

▶ 業種例
- コンビニエンスストア
- 居酒屋
- 喫茶店
- ファストフード店
- 携帯ショップ
- 百円ショップ
- レンタルビデオショップ
- クリーニング店　など

 売上アップのポイント

本部との連携を密にしておく！
- 欠品商品をすばやく補充してもらえる。
- 有力商品を優先的に回してもらえる。

独自でキャンペーン企画を行う！
- 地元の名産品を独自で仕入れて提供。
- 地元商店街の共同キャンペーンに参加。
- 自店舗のみで会員の入会金無料キャンペーンを行う。

 コストを抑えるポイント

契約前に条件を比較検討！
- 仕入れや課金の縛りがきびしい場合は、契約先を見直す。
- ブランド力などに差がないなら加盟料が安いところにする。

家族でシフトに入ることを検討！
- 配偶者や兄弟でシフトに入って人件費を削減。
- 家族を青色事業専従者にして節税（➡P101）。

 思わぬ落とし穴

加盟料やロイヤリティ以外に、何度も課金を求められた！
　とくに契約書に記載がないのに、販売促進費や研修費などの名目で課金を求められることがある。その場合は**「どんな名目で課金するのか」「課金は一時的なものか、定期的なものか」を確認**し、慎重に対応する。

本部からの仕入れしか許されず、仕入費が割高になった！
　契約によっては「仕入れや備品などの購入はすべて本部から」と制限され、全体的なコストが割高になるケースがある。契約前に「仕入費などが割高になっても、それに見合うだけのメリットがあるか」など、**採算性を十分に吟味**することが大事。

ロイヤリティ：特殊なノウハウやブランド、特許権、商標権などの権利を持つ者から、その使用について許可を受ける代わりに、それらの権利の使用料として支払う料金のこと。

事業形態 ▶ 03

移動販売

▶ 資金の目安

100万～1350万円

自動車購入費	30～300万円
車両改造費	10～200万円
設備購入費	30～300万円
営業場所使用料	10～50万円
仕入れ	50～300万円
その他	20～200万円

▶ 業種例

- 弁当販売
- 軽食販売
- ドリンク販売
- 食料品販売
- アクセサリー販売
- 灯油販売
- 物干し竿販売
- 廃品回収　など

 売上アップのポイント

人目を引く車両にする!

- 販売車のデザインをなるべく華やかなものにする。
- 商品に合ったBGMを流して購買意欲を上げる。

曜日や季節に合わせて出店する!

- 週末なら、ショッピングモールに出店。
- 桜の季節は花見の名所に出店。

COST コストを抑えるポイント

なるべく自分で車両を改装する!

- ペインティングなど、独力でできるものは自分で行う。
- 簡単な車両整備は業者を頼らず、自分でできるようにする。

よりお金のかからない車を選ぶ

- ガソリン代を減らすために燃費のいい車を選ぶ。
- 自動車税を減らすために軽トラックやライトバンを選ぶ。

 思わぬ落とし穴

ねらっていた場所で<mark>営業許可</mark>が下りなかった!

　営業許可の許可基準は自治体や土地の所有権者によって異なる。不許可になって慌てないよう、**候補地を複数リストアップしておき、断られたらすぐに次の候補地に当たれるようにしておく**。

新たな規制ができて販売できない商品が出てきた

　条例の制定などで、それまで許されていた種類の商品を販売できなくなることがあり得る。メディアや同業者ネットワークで情報のアンテナを張り、**規制されるおそれが出てきたら、別商品の扱いを増やす**。

営業許可：政府や地方自治体などが営業を許可すること。移動販売の場合は公道以外に、ショッピングモールなどの私有地で営業する許可を求めることになる。

事業形態 ▶ 04
ネット販売

▶資金の目安
10万円〜470万円

パソコン購入費	10〜50万円
販売サイト作成料	20〜200万円
ネット使用料	1〜20万円
広告宣伝費	5〜100万円
その他	10〜100万円

▶業種例
- 服飾品販売
- 雑貨販売
- 食品販売
- 骨董品販売
- 古書販売
- ペット販売
- 輸入品販売
- アプリ配信　など

売上アップのポイント

実店舗販売との差別化をする！
- ダイエット商品など実店舗では買いにくいものを販売。
- 家電や家具など持ち運びが面倒なものを販売。

SNSやブログを活用して宣伝する！
- ツイッターやフェイスブックに商品情報や使用感などを載せる。
- 知り合いに商品を送って、SNSに感想などを書いてもらう。

COST コストを抑えるポイント

プロバイダー料金は複数社で比較検討して選ぶ
- 値引きキャンペーンをしている会社にする。
- 月額料金が安いところにする。

サイト制作費を少しでも安く
- 業者に頼むなら本当に必要な機能だけに絞って制作費を下げる。
- シンプルなサイトでいいなら自分で勉強してつくる。

思わぬ落とし穴

きびしい価格競争に巻き込まれてほとんど利益が出ない！
　ネット販売はライバルが無数にいるため、価格競争になりがち。事前に**「薄利多売でいくか」「競合が少ない商材を扱うか」**など方針をはっきりさせておく。

大手**サイバーモール**を利用したら利益が少なかった！
　大手サイバーモールはユーザー数が圧倒的に多いので、売上は確保しやすいが、月額の利用料などを取られ、「売れたわりに利益が少ない」ということも起こり得る。**事前に利用料金などを確認して、うま味が少ない場合は利用を見合わせる。**

サイバーモール：インターネット上に設けられている仮想的な商店街。通常、所定の出店料を支払うことで店を出すことができる。サイバーモールの認知度で集客できるなどのメリットがある。

事業形態 ▶ 05

SOHO（在宅ビジネス）

▶ 資金の目安

10万円～420万円

パソコン購入費	10～50万円
ネット使用料	1～20万円
ホームページ制作費	20～150万円
備品購入費	10～100万円
その他	10～100万円

▶ 業種例

- ライター
- イラストレーター
- カメラマン
- プログラマー
- WEB制作
- 翻訳家
- 事務代行
- 営業代行　など

売上アップのポイント

絶え間なく仕事がある状況をつくる
- 新規の仕事は可能なかぎり引き受ける。
- 定期的な仕事を増やす。
- 自分から企画提案を行い、仕事を増やす。

同業者ネットワークを広げておく！
- 新規の仕事を紹介してもらいやすくなる。
- 大規模プロジェクトに誘われることもあり得る。

コストを抑えるポイント

家事按分（→P187）で生活費の一部を経費計上する！
- 自宅の家賃
- 固定資産税
- 水道光熱費
- リフォーム費用

なるべく多くの経費を計上する
- 打ち合わせのための交通費や飲食費。
- 仕事に使う資料の購入費。
- 仕事関係で渡した祝儀や香典。

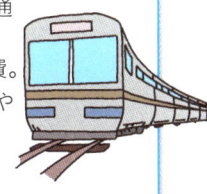

思わぬ落とし穴

定期的に受けていた仕事を突然打ち切られた！
　定期的な仕事があることは、SOHOをやっていく上で非常に重要。ただし、定期的な仕事がいつまでも続くとはかぎらないので、**単発の仕事の割合も確保して「もしも」のときに備えておく。**

仕事が重なりすぎていくつか断ったら信用を失った！
　SOHOの場合、仕事の依頼がくるかどうかは人間関係による部分も大きい。断らざるを得ないときは**「誠意を忘れずに伝える」「コミュニケーションは取り続ける」など、人間関係を保つ努力が必要**になる。

事務代行：企業の総務・人事・経理などの事務業務を代行する仕事。会社員時代に専門的な経験やスキルを得てから独立し、フリーランスで行っている例が増えている。

Learn the basics!
▶ 基本知識 ◀
実践
記入見本

個人事業者の健康保険・年金制度

保険や年金の切り替え手続きをチェックしよう！

健康保険と厚生年金を切り替える

会社員を辞めて個人事業者になる場合、加入すべき健康保険と年金が変わります。一般的な会社員であれば、健康保険は被用者保険、年金は厚生年金に加入していたはずです。しかし、会社を退職した次の日から、それらの加入資格は失われます。

原則として、日本では国民健康保険と国民年金への加入を義務づけられているため、それぞれの加入手続きが必要になります。会社員から個人事業者になる場合、その手続きによって、第2号被保険者から第1号被保険者となります。

被用者保険から国民健康保険へ

会社員 → 個人事業者

被用者保険
- 健康保険に加入している事業所で働く従業員など。

国民健康保険（対象）
- 被用者保険などに加入していない人。

被用者保険（保険料）
- 被用者（従業員）の給与に応じて算出。
- 被用者（従業員）と会社がほぼ折半して負担。

国民健康保険（保険料）
- 住んでいる市区町村によって異なり、その世帯の収入、資産などに応じて算出。
- 個人事業者は全額自己負担。

健康保険の切り替え手続き

[手続き期限]	[手続き先]
退職日の翌日から14日以内	居住する市区町村役場
[手続き方法]	[必要な書類]
必要書類をそろえて、担当窓口に提出	健康保険資格喪失証明書

被用者保険：企業などに雇用されている人が加入する保険。日本は全国民を何らかの医療保険に加入させる制度であり、被用者でない人は国民健康保険などに加入する。

保険料は全額自己負担 滞納などには気をつけよう

被用者保険も厚生年金も会社員であれば、月々の給料から自動的に差し引かれます。しかし、**個人事業者になると毎月、自分で納めることになります**。保険料や年金の未納・滞納が続けば、後々支払いが苦しくなりますし、差し押さえなどの滞納処分を受けることもあります。くれぐれも支払いを忘れないようにしましょう。

なお、**被用者保険は任意継続といって、退職後でも最長2年間までは継続加入することができます**。会社が半額負担していた分も含めて全額自己負担となりますが、国民健康保険に比べて保険料を低額に抑えられるケースもあります。任意継続を選ぶには一定の要件があるので、各健康保険組合や全国健康保険協会（協会けんぽ）のホームページで確認してください。

厚生年金から国民年金へ

日本の公的年金制度は下図のような2階建てになっている（2015年10月、年金制度改革の一環として公務員等を対象とした共済年金は厚生年金に統一）。個人事業者の年金受給額は国民年金の1階分のみなので、老後が不安な人は国民年金基金への加入を検討しよう。

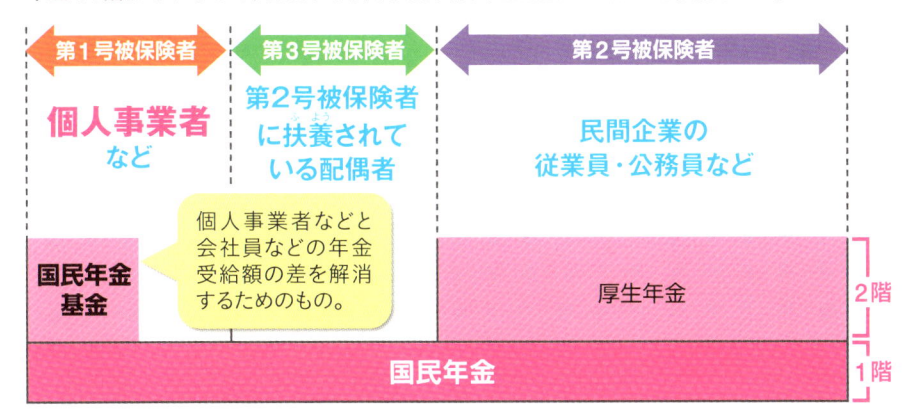

第1号被保険者	第3号被保険者	第2号被保険者
個人事業者など	**第2号被保険者に扶養されている配偶者**	**民間企業の従業員・公務員など**
国民年金基金	（個人事業者などと会社員などの年金受給額の差を解消するためのもの。）	厚生年金 （2階）
国民年金 （1階）		

国民年金の切り替え手続き

[手続き期限]
退職日の翌日から**14日以内**

[手続き先]
居住する**市区町村役場**

[手続き方法]
必要書類をそろえて、**担当窓口に提出**

[必要な書類]
- 年金手帳
- 退職年月日がわかるもの（退職証明書、離職票など）

被保険者：個人事業者か、民間企業などの会社員や公務員か、会社員等に扶養されている配偶者かによって、第1号・第2号・第3号の3区分に分けられる。

Learn the basics!
基本知識
▶ 実 践 ◀
記入見本

独立開業までの準備と流れ

必要なことをリストアップし、期限を決めて進めていこう！

開業までの期限を具体的に決める

独立開業を決めたら、いつ事業を開始するのか期限を決めましょう。「事業コンセプトができたら独立しよう」「必要な資金が貯まったら開業しよう」などというぼんやりとした考えでは、いつまでたっても実現できません。

明確な期限設定を行えば、計画が現実的に見えてモチベーションが上がり、行動に移しやすくなります。また、準備の遅れがあった場合にも、どのくらい遅れているのかがわかるので、挽回（ばんかい）策を考えたり、計画を立て直したりなど、より適切な対応をとれるようになります。

開業までにすべきことはたくさんある

独立開業するまでには、さまざまな準備が必要となります。開業場所と屋号を考えたり、資金を準備したり、事業に必要なアイテムをそろえたり、事業開始の届出をしたり……。やるべきことは山のようにあります。

自身の業種や事業形態によって、必要に応じて行う業務もあります。たとえば、従業員の採用やホームページの作成などです。

そこで、開業準備を1つひとつ確実に行っていくために、**必要な作業を個別にリストアップし、時系列にまとめておくとよい**でしょう（➡左ページ）。

プラスの知識

開業後にすべきこともいろいろとある

開業後に必要な業務として、**証憑書類**（しょうひょう）の発行や帳簿の記帳などがあります。開業後は新しい仕事で慌ただしくなることが予想されるので、請求書や領収書のフォーマットはどうするのか、会計ソフトはどうするのかなど、事前に考えておいたほうがよいでしょう。

証憑書類：請求書、見積書、納品書、領収書など、取引や会計に関する証拠となるもの（➡P124）。一定の期間、保存することが義務づけられている。

開業スケジュールの立て方の例

事業によって必要な準備は異なるので、下の図を参考に自分の事業に必要なことを洗い出して、自分専用の開業スケジュールをつくろう。

1年前

ターゲットは？ 商品は？ 場所は？

事業内容の決定
販売・提供する商品・サービス、業種・事業形態など

事業コンセプトの決定

必要な資格や許認可の取得

市場調査
競合商品や価格、出店予定地域のリサーチなど

半年前

資金計画を立てる
収支計画書の作成、開業資金と運転資金の算出、自己資金の洗い出し

事業計画書の作成

融資、助成金、補助金の検討

3か月前

退職届

退職手続き

健康保険・国民年金への切り替え手続き

開業場所の決定

店舗などの内外装工事

屋号・営業ルールの決定

従業員の募集・採用（必要に応じて）
雇用形態の決定、社会保険・労働保険の加入手続き、労働条件の作成

1か月前

電気・ガス・水道・電話・インターネットの開通手続き

設備・備品・営業ツール（名刺、封筒など）をそろえる

口座の開設、印鑑作成

チラシ配りやSNSなどで広告宣伝

開業

[開業後1か月以内]

取引書類・証憑書類をそろえる
請求書、見積書、納品書、領収書など

帳簿・会計ソフトをそろえる
現金出納帳、経費帳、売掛帳、買掛帳など

各種届出書の提出

会計ソフト：会計の記録・処理に用いるアプリケーションソフトウェア。仕訳の入力を行い、仕訳帳、総勘定元帳（→P163）、決算書（→P180）などの作成ができる。

Learn the basics!
▶ 基本知識 ◀
実　践
記入見本

電子帳簿保存法とインボイス制度

最新の法改正等をチェックしておこう

電子帳簿保存法が抜本的に見直しに！

事業を行ううえでは、関連する法令等の知識が欠かせません。そこで、最新の法改正等もチェックしておきましょう。近年の法改正に関するトピックでは、**電子帳簿保存法**の改正と**インボイス制度**の施行があります。

電子帳簿保存法（以下、電帳法）は、法律で保存が義務づけられている経理関係の帳簿・書類などを「**電子データ**」として保存するルールを定めた法律です。経済社会のデジタル化を踏まえ、経理の電子化による生産性や記帳水準の向上を図ることなどを目的としています。

2022年1月施行の改正法により、「**電子取引**」のデータ保存が罰則つきで義務化されるなど、2年の猶予期間を経て、抜本的な見直しが行われました。この法改正は、個人事業主も対象です。

電帳法で定められている電子保存方法は、①**電子帳簿等保存**、②**スキャナ保存**、③**電子取引データ保存**の3種類に区分されており、今回の改正で要件の緩和、義務化、罰則強化などがなされています。

インボイス制度への対応が急がれる

インボイス制度は2023年10月から施行されています。適用税率や請求書発行事業者の登録番号などを明記した適格請求書の交付・保存を義務づける制度です。

適格請求書を発行するには、税務署に登録申請を行い、**適格請求書発行事業者**になる必要があります。この登録申請は消費税の課税事業者（↓P212）であることが要件です。したがって免税事業者は、適格請求書の発行ができません。

インボイス制度の導入により、消費税の仕入税額控除を受けるためには適格請求書が必要になります。つまり、**免税事業者は適格請求書を発行できないため、取引相手が仕入税額控除を受けられないこと**になります。

電子取引：請求書や領収書などの情報の授受を、電子メールやクラウドサービスなどを通じてデータで行う取引のこと。

電子帳簿保存法上の区分と改正内容

帳簿や書類により、保存方法や要件、罰則が異なる。

国税関係帳簿	国税関係書類		
	決算関係書類	取引関係書類	
		自分が作成する書類の写しなど	相手から受けとった書類など	インターネットで受けとった取引情報など
仕訳帳 総勘定元帳 売掛帳 買掛帳 現金出納帳 固定資産台帳 など	損益計算書 貸借対照表 試算表 など	請求書（控） 見積書（控） 納品書（控） 領収書（控） など	請求書 見積書 納品書 領収書 など	請求書 見積書 納品書 領収書 など
①電子帳簿等保存		②スキャナ保存		③電子取引

- データ保存が認められる要件を緩和
- 違反時の罰則を強化
- 義務化

所得税・法人税に関する帳簿・書類などの保存義務がある事業者は、請求書等を電子データでやりとりした場合、その電子データを保存しなければならない。

インボイス制度の経過措置

インボイス制度が始まる2023年10月から6年間は、適格請求書発行事業者以外からの課税仕入れについても、一定割合が控除の対象と見なされる経過措置が設けられている。消費税の基本ルールについては、P.212～215をチェック。

- 軽減税率の導入 ▼2019年10月1日
- 適格請求書等保存方式の導入 ▼2023年10月1日
- ▼2026年10月1日
- ▼2029年10月1日

区分記載請求書等保存方式	適格請求書等保存方式		
	適格請求書発行事業者以外からの課税仕入れの扱い		
全額控除できる	80％控除できる	50％控除できる	控除できない

▶ 売上税額の2割特例

- 免税事業者から適格請求書発行事業者になった事業者は、納税額を売上税額の2割とする特例を受けられる。
- ※令和5年分（登録日～12月）から、令和8年分の申告まで適用可能。

▶ インボイス発行事業者の登録申請

- 新たに事業を開始した人は、その年の12月末日までに登録申請書を提出した場合、その年の1月1日にさかのぼってインボイスの登録を受けることができる。
- 免税事業者の人は、登録申請書に登録希望日を記載することで、その希望日から登録を受けることができる（登録希望日の15日前までに登録申請書の提出が必要）。

ケーススタディ 1

予想外の出費で生活費を切り崩すはめに

[開業前後の資金不足と対処法]

マンガ

Aさん:「夢だった輸入雑貨のセレクトショップ いい店にするぞ！」ガンバルゾ！

「この物件はどうですか？」
「気に入りました！ちょっと高いけど…決めます！」

内装にもこだわり（全面改装／ガラス張り）
商品も充実させて…

あれ？ヤ、ヤバイ…
予想以上に出費がかさんでる
売上げも思ったより伸びないし…
生活費切りくずさないと…（通帳）

原因　開業時は何かとお金がかかるもの

開業したばかりの時期は、何かとお金が必要になります。上手にやりくりをしないと、せっかく開業したものの、資金が足りなくなり、日々の生活費を切り崩さなければならない事態になりかねません。

Aさんの例は、小売店だけでなく、飲食店など**初期費用がかかりやすい実店舗経営全般で起こり得るケース**です。

ほかにはネット販売であっても、**商品は順調に売れたのに後払いの形**にしていたため、代金の回収に時間がかかり、手元の現金が不足するケースなどが考えられます。

また、SOHOでも、**納品してから報酬の支払いまで間がある**ことが多いので、十分な預貯金がないと家計が苦しくなることがあります。

業態別！ 資金不足の原因と対処のポイント

初 ……初期コストの問題　売 ……売上の問題　代 ……代金回収の問題

第1章 個人事業の基礎知識

おもな原因 / 対処法

実店舗経営
- 初 好立地の物件を選んで、テナント料が高額になる。
- 初 内装等にこだわりすぎて、工事費がかさむ。

→
- 初 売上の10％以内を家賃の目安にして物件を選ぶ。
- 初 内装は優先順位を決めて、予算の中で区切る。

移動販売
- 売 営業許可の申請に時間がかかり、販売期間が短くなる。
- 初 新車を購入し、塗装も業者に頼んで車両費がかさむ。

→
- 売 事前にかかる時間を調べて、余裕をもって申請する。
- 初 中古車を選び、できるだけ自分でペインティングする。

ネット販売
- 初 ホームページの機能にこだわって、制作費がかさむ。
- 初 広告宣伝に費用をかけたが、思うように売上が伸びない。

→
- 初 必要最低限の機能で始め、徐々にアップグレードする。
- 初 SNSなど無料のメディアを優先的に活用する。

SOHO
- 代 長期にわたる仕事ばかりで、代金回収に時間がかかる。
- 売 取引先が少なく、思うように仕事が入らない。

→
- 代 一部前払いしてもらったり、支払い日を早めてもらう。
- 売 同業者の仕事を手伝うなどして、徐々に人脈を広げる。

対策　最初から無理に完璧を目指さない

Aさんのケースであれば、こだわるところと我慢するところのメリハリをつけ、予算内に収まるかどうか、検討すべきでした。最初から完璧を目指す必要はありません。

また、支払いはなるべく遅く、回収はなるべく早くできないかも考えてみましょう。場合によっては分割にし、回収はなるべく早くできないかも考えてみましょう。たとえば、実店舗経営であれば、可能であれば支払いを分割払いにしてもらえないか、支払い日を遅めに設定してもらえないか交渉してみましょう。

代金の回収方法は、後払い方式よりも、現金払いや口座振込などの前払い方式を優先する、SOHOなら事前に交渉し、納品から支払いまでの期間を短くしてもらうなどの方法が考えられます。

成功のヒント▶ 1

副業として始める場合は本業との兼ね合いに注意

個人事業を始める人の中には、会社は辞めず、副業としてスタートする人もいるかもしれません。副業として個人事業をやる場合には、いくつか注意点があります。

まず、**勤務先の会社が副業を認めているのか**を確認しておきましょう。就業規則などで禁止されているのに副業を行った場合、懲戒処分の対象となりますし、最悪の場合には解雇されることもあります。

心構えのアドバイスとしては、副業に熱中するあまり、**会社の仕事がおろそかにならないように**気をつけましょう。本業をしっかりこなした上で、副業は余力の範囲内でやるという意識を持つことが大切です。

副業を行うことで、**自分の会社に損害を与えない**ように注意することも重要です。具体的には、会社の取引先を奪ってしまったり、会社の備品を副業に流用したりするようなことが当てはまります。

会社に損害を与えたことが明らかになった場合には、懲戒処分を受けたり、損害賠償を請求されたりする可能性があります。さらに備品の流用などは、横領罪などの罪に問われることもあり得ます。

なお、**副業でも事業で利益が出たら、所得税の申告・納付（➡P208）が必要になります。**すべての利益が「おこづかい」になるわけではないので、注意してください。

第2章

事業計画を立てる

個人事業を成功させるためには、
「事業計画」を立てることが必要不可欠です。
経営理念や事業コンセプトで方向性を決め、
資金計画と利益計画でお金に関するプランを立てます。
そうすることで、事業の形が具体的に見えてきます。

> 公庫の審査に通る可能性は十分にあるよ

> この事業計画書をブラッシュアップしていけば

> やってみます！

> わかりました

トボ
トボ…
○×銀行
ハア…
あっ
吉村さん…
ポン
ジュワ〜…
もっと貯まるまで開業を見送ろうかと考えていたんです
実は資金が足りなくて銀行に融資の相談をしたんです
でもまともに取り合ってもらえず…
松山
そうか…

はい お待たせしました

コト…

うん うまい！

しかし… なぜ いきなり「ご飯つくって」だったんですか？

まあ いいじゃないか

わざわざ家まで来て…

松山さんには**事業の核**となるスペシャルなモノ＝**料理**がある

一流店で店長を務めていて**マネジメント能力**もある

いやそれほどでも…

なのになんで開業できないんだろうな

それは…

事業を成功させたいという強い意思も持っている

それなら助けてくれる人が現れてもおかしくないが

残念ながら能力も熱意も**周りの人に伝わるカタチに**なっていない

そのためには**事業計画**が必要なんだ

事業計画……ですか

どんなにすばらしいアイデアやプランも人に伝わらなければ誰も協力しようなんて思わないだろ？

たしかに…

吉村さん…私に事業計画のつくり方を教えてもらえませんか？

いいよ 食事のお礼だ

事業計画
事業のコンセプトや体制、採算性などをまとめた計画。メリットは、①事業が成功する可能性を分析できるようになること、②金融機関などからの信用度を高められること。

Check! 事業計画の5つの要素

❶ 経営理念
目的や動機、趣旨を示したもの。

❷ 事業コンセプト
誰に、何を、どのように提供するかのプラン。

❸ 経営計画
仕入れ、販売、人員などの体制をまとめたもの。

❹ 資金計画
事業に必要な資金やその調達方法をまとめたもの。

❺ 利益計画
得られるもうけの予測を具体的に立てたもの。

事業計画の構成はさまざまなんだが今回はこの5つでまとめてみよう

メモメモ…

まずは❶経営理念

経営の目的や動機、趣旨などを示したものだ

うーん グッとこないな

グッと…ですか？

えっと…

ほかでは食べられないオリジナルの欧州料理を提供したい！

こんな感じですかね

松山さんの希望じゃなくて

「事業によって**社会や消費者にどんなメリットがもたらされるか**」という視点で考えてみるんだ

Check!

事業コンセプトを考えるための視点

誰に ターゲット	客層はどういう人たちか？
何を 商品・サービス	ターゲットのどのようなニーズを満たすのか？
どのように 方法	どのような手段でそのニーズを満たすのか？

誰に ターゲット	何を 商品・サービス	どのように 方法
小さい子どもがいる夫婦や若い単身者。	フレンチやイタリアンなどをミックスしたオリジナル欧州料理。	欧州の家庭をイメージした落ち着く空間で安心して楽しめる料理を提供。

私は…こう考えています

うん…ターゲットを意識したいいプランだな

差別化ポイントは「試行錯誤を重ねたオリジナルメニューを低価格帯で提供すること」

まあいいかな もし差別化ポイントが見えてこなければ

「自分の棚卸し」をしてみるといい

「自分の棚卸し」とは これまに培ってきた自分の**知識**や**経験・人脈**など

事業の**強みになるもの**と**弱みになるもの**を挙げていくことだ

「自分の棚卸し」は差別化を考えるだけでなく

事業全体を考えるときにも役立つぞ

私の場合は…

強みは「**飲食業の経験**」「**店舗経営の実績**」「**料理の腕前**」などで

弱みは「**協力者の少なさ**」と「**資金不足**」でしょうか

さて今度は

❸ 経営計画

経営計画とは事業を「**仕入れ**」「**販売**」「**人員**」などの視点でまとめたものだ

Check!
経営計画の3要素

仕入れ
- 仕入れ先は卸業者か？ メーカーか？ 商社か？
- 取引条件はどうするか？
- 掛取引は何％か？ 現金取引は何％か？

販売
- 販売先は自店舗か？ 他者の店舗か？
- 現金払いかクレジット決済可か？

人員
- 従業員は必要か？
- 必要ならどんな人員配置をするか？

仕入れ
食材はA食品とB農場から。
飲み物はCドリンク(株)から。
掛取引100％

販売
自店舗で提供。
現金取引。クレジット決済も受けつける。

人員
自分（調理兼ホール担当）
妻（ホール担当）

それなら…こう考えています

いいだろう 最後はお金に関すること

④ 資金計画と ⑤ 利益計画

Check! 資金計画と利益計画について

▶ **資金計画とは**
事業に必要な資金について、具体的な数字を出してまとめたもの。開業資金、運転資金、生活資金の3つで考える。

▶ **利益計画とは**
利益の額など事業によって得られるもうけの予測を示すもの。

資金計画を立てれば資金がどれくらいあれば事業が成り立つかが見えてくる

利益計画を立てることによってもうけの予測ができればどれくらいの資金で運営できるかも見えてきますね

「だいたい」ではダメだぞ

実際に見積りを取って**現実的な数字**にすること

❹**資金計画**は「開業準備資金計算表」（↓P69～71）を

❺**利益計画**は「利益計画表」（↓P73）を渡すから自分でまとめてみてくれ

わかりました

見込みが甘ければ苦労するのは自分ですもんね

書式に決まりはないからこの「**創業計画書**」（↓P82）でつくってきて

そんでもってすべてを「**事業計画書**」にまとめる！

そして…

わかりました

やってみます！

2週間後

できました…！

言ったポイントをちゃんと押さえているいい計画書だ

ありがとうございます!!

開業に必要な金額は合計950万円か 今いくらあるんだ？

600万円ほどです… やはりもう数年は資金を貯めないと……

松山さん…まだそんなこと言っているの？

えっ……

しかし銀行は…門前払いでした…

何か方法があるんですか…？

もちろん

そのための事業計画書だ

> Check!
> 資金調達の方法
> ① 自己資金
> ② 金融機関からの借入
> ③ 親族・友人

松山さんの場合は②だな

民間金融機関が個人事業の開業資金を融資してくれる可能性は低い

でも**日本政策金融公庫**なら事業計画に問題がなければ十分可能性があるぞ

日本政策金融公庫?

個人事業者への融資に積極的な政府系金融機関だ

つまり私でも?

ああ

この事業計画書をブラッシュアップしていけば公庫の審査に通る可能性は十分にあるよ

すぐにでも開業したいと思っているならオレも全力で手伝うけど?

仕事でもないのに…
どうしてこの人はそこまでしてくれるんだろう…
どうする?
ぜひ…
お願いします!
こんばんは~
吉村さん 質問が…
あ 神田さん
お…
お邪魔しました~!!
そういう仲だったとは…
キャーっ BL―
??
おいっ
…何か勘違いしてないか?

Make a Plan!
▶ 基本知識 ◀
実　践
記入見本

事業計画は目指すゴールを示すもの
自分のアイデアを具体的な形にしていこう！

事業計画は事業のゴールを示す海図の役割を果たす

事業計画は、事業の概要や方向性、採算性などを明らかにする計画のことです。いわば**個人事業を進めていく中で、目指すゴールを示してくれる海図の役割**を果たします。

事業計画をつくることによって、大きく2つの効果が期待できます。

1つめは、**事業が成功する可能性を的確に分析できること**です。ただ漠然と「この事業をすれば、たぶん○○円くらいの利益が得られるはず」などと考えているだけでは、本当にその事業が実現可能なのか、利益を継続的に上げることができるのかを判断することはできません。事業計画を立てて、客観的なデータを検討することによって初めて、将来得られる利益を正しく予測することができるようになるのです。

2つめの効果は、**事業に対する信用を高められること**です。開業資金を用意するためには、借入が必要となることがあります。しかし、開業前のまだ何の実績もない段階では、信用度はゼロに等しい状態です。金融機関から資金の融資を得ようとしても、どこも応じてくれないでしょう。しかし、事業の将来性について第三者も納得できる詳細な事業計画があれば、「これならお金を貸しても大丈夫そうだ」という信頼感をもってもらえます。

事業計画は4つのパートで構成される

事業計画は大きく、①**経営理念**、②**経営計画**、③**資金計画**、④**利益計画**の4つのパートで構成されます。くわしくは左ページの図で解説しますが、①経営理念は経営の目的や意義を示したもの、②経営計画は事業の具体的な内容を表すもの、③資金計画は開業に必要な資金額やその調達方法についてまとめたもの、④利益計画は事業によって得られるもうけの予測を示すものです。

開業前ではイメージにしにくい部分があるかもしれませんが、具体的かつ詳細に立てることが大切です。

粗利益：売上高から売上原価を差し引いた額。大まかな利益を知りたいときに確認する。売上高に占める粗利益の割合を粗利率という。

事業計画の構成

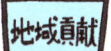

① 経営理念
目的や動機、趣旨を示したもの。**事業によって消費者や社会にどのようなメリットがもたらされるのか**など。
➡下図

② 経営計画
事業の具体的な内容を表すもの。**仕入れ、販売、人員**などの構成を具体的に考えていく。
➡下図

③ 資金計画
開業に必要な資金額やその調達方法についてまとめたもの。**開業資金、運転資金、生活費**に分けられる。
➡P68

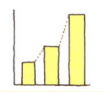

④ 利益計画
利益の額など、得られるもうけの予測を示すもの。**粗利益は売上額から売上原価を差し引いて**求められる。
➡P72

実践1　経営理念を考えてみよう
自分の目線だけでなく、消費者や社会全体の目線から魅力やメリットを考える。

- **美容や健康に効くオイルマッサージ店**
  - 例：本場の施術法とおもてなしの心で、働く女性を10歳若返らせる。

- **和食や漢方に富んだ創作料理店**
  - 例：おいしい滋養料理を提供することで、地域の人たちを元気にする！

（消費者目線／立地／コスト／サービス／差別化）

実践2　経営計画を立ててみよう
取引先や取引の割合（シェア）、取引条件、事業の運営体制などを決める。

仕入れ
- **仕入先**：卸業者か、メーカーか、商社かなど。
- **取引の割合**：掛取引は何％か、現金取引は何％かなど。
- **取引条件**：締日は何日か、支払日は何日かなど。

販売
- **販売先**：自店舗か、他の個人店舗か、デパートかなど。
- **商品ラインナップ**：どんな商品を販売するか、それぞれ売上シェアはどれくらいかなど。
- **販売条件**：現金、クレジット決済、口座振込、掛取引など、どのような条件で売るか。

人員
- **配置**：販売スタッフ、事務スタッフなどは必要かなど。
- **雇用形態**：社員か、パート・アルバイトかなど。
- **人件費**：月給はいくらか、時給はいくらかなど。

掛取引：売買があるたびに代金の支払いや受け取りを行うのではなく、月末など後日まとめて支払いや受け取りを行う取引方法。購入後にまとめて支払うことを掛買いといい、販売後にまとめて回収することを掛売りという。

事業コンセプトを決める

誰に・何を・どのように提供するかを考えよう!

Make a Plan!
▶ 基本知識 ◀
実　践
記入見本

差別化をするためには事業コンセプトが欠かせない

事業で成功するためには、競合との差別化が重要になります。差別化とは、**自分の事業にあって競合にはない、自分だけの強みをつくること**です。たとえば、雑貨店を開くとするなら、「販売員の制服を個性的なものにする」「値段をほかよりも大幅に安くする」「カフェも併設して街中のオアシスにする」など、何らかの形で独自性を打ち出す必要があります。

そして、競合との差別化を図るための具体的な手法は、<u>消費者</u>のどんなニーズを満たすのか、つまり事業コンセプトによって変わります。事業計画を

事業コンセプト① 客層（ターゲット）は誰か

「①ターゲット」は「②商品・サービス」と「③方法」の前提になるので、明確にイメージすることが大切だ。

年齢・性別
男性、女性、男女問わず、高齢者、中年、若者、子どもなど

資産
持ち家か賃貸か、自動車の有無など

職業
サラリーマンか自営業者か、事務職か肉体労働者か、主婦かOLかなど

家族構成
既婚か未婚か、子どもの有無など

所得
生活水準がどれくらいか、毎月の遊興費はいくらくらいかなど

趣味
スポーツを好む、映画を好む、音楽を好む、旅行を好むなど

居住エリア
都心部か地方か、住宅地か繁華街周辺か、郊外か駅周辺かなど

学歴
大卒、高卒、中卒など

価値観
人生の主軸に置いているのは仕事か、趣味か、恋愛かなど

（中央：ターゲット）

消費者：商品を購入したり、サービスの提供を受けたりする人。事業者と契約をする場面で消費者を保護する法律として、消費者保護法がある。

事業コンセプトは3つの軸で考える

事業コンセプトには、次の3要素を軸に考えるとよいでしょう。

① **誰に（ターゲット）**……客層はどのような人たちなのか。

② **何を（商品・サービス）**……ターゲットのどのようなニーズを満たすのか。

③ **どのように（方法）**……どんな技術・方法でニーズを満たすのか。

また、市場調査を行って、世の中のニーズを探ることも有効です。たとえば、業界誌や研究機関のレポートなどが公表しているデータに目を通したり、友人に商品やサービスの感想や意見を聞いたりするなど、簡単な調査でも十分ヒントになります。

事業コンセプト②③ 何をどのように提供するか

想定した客層のニーズを踏まえて、②何を③どのように提供するか考える。

40～50歳の会社員（妻あり、子ども2人、年収500万円程度）に向けた居酒屋なら
- 200円均一にし、限られたおこづかいでも満足できるようにする。
- 1杯目のビールは半額にする。
- 胃に優しく、もたれにくいメニューを充実させる。

30歳前後のひとり暮らしのOL（年収300万円程度）に向けたエステ店なら
- 割安のセットメニューを充実させる。
- 来店回数に応じて肌ケア商品をプレゼントする。
- 自宅でできるプロ直伝の肌ケア方法をレクチャーする。

60歳以上の高齢者（男女問わず、地元住民）に向けた囲碁・将棋教室なら
- 頭の体操になる特別プログラムの実施。
- 孫との同時入会キャンペーンの実施。
- 対局時以外でもくつろげる喫茶スペースを提供。

市場調査：商品・サービスの開発や価格設定、販売などに役立てるために、消費者の動向や競合商品などについて調べること。マーケティングリサーチともいう。

Make a Plan!
基本知識
▶ 実 践 ◀
記入見本

自分の棚卸しをする

自分の経験や知識、人脈を振り返って武器や弱点を見つけよう！

これまで積み上げてきた自分の財産を見つめ直す

個人事業では事業者自身の性格や能力、経験、知識などが事業の成果のカギをにぎります。

そこで、開業前に自分自身を客観的に見つめ直し、**これまでの人生で積み上げてきたものを〝棚卸し〟してみましょう**。

事業成功の根本に関わることですから、他人を評価するようなつもりで、冷静に自分の強みと弱みを洗い出してみてください。そうすることで、ビジネスに活かすべき強みや、何らかの対処が必要だと思われる弱みが見えてきます。

ヒト・モノ・カネという軸で自分自身を棚卸ししてみる

事業に使える資源について、よくヒト・モノ・カネというキーワードが挙げられます。そこで、自分自身を棚卸しする際には、自分の持っているヒト・モノ・カネは何かという軸で自身を見つめ直して、それぞれの強み、弱みを考えてみましょう。

ヒトは「自分自身の能力」や「人脈」のことです。自分の知識・能力はどうか、取引先や顧客はどれくらいいるか、同業ネットワークは充実しているか、師や先輩などの助言者はいるかを考えてみましょう。

また、ヒトの中には スキル や 情報 などの要素も含めて考えてもいいでしょう。

モノは店舗や事務所、商品、設備などのことです。もし足りないモノがあるときは、コストも考慮に入れて、購入やリースなどで手に入れることを検討しましょう。

カネは資金のことです。現金や預貯金、売却できる資産などが多いほど廃業の可能性は減り、融資やローンの審査も通りやすくなります。自己資金計算表（➡P75）を参考に、必要な資金額に対して自己資金がどれくらいあるかを計算しておきましょう。資金面のリスクが高そうであれば、事業計画の見直しや融資を考える必要があります。

スキル：技術や技能などの能力のこと。個人事業においては、自分が行う事業に活きるスキルがあるかどうか検討しておくことが大事になる。

ヒト・モノ・カネの視点で自分の棚卸しを行う

ヒト・モノ・カネそれぞれで強みと弱みを洗い出してみよう。そのうえで、強みの活かし方、弱みの補い方まで考えておくことが大切だ。

❶ ヒト　自分自身の能力・特徴、人脈 など

能力
- 強み：始める業種に関する知識や経験が豊富だ。
  - その知識・経験を武器に独自性のある商品・サービスを提供する。
- 弱み：営業力に自信がない、営業経験がない。
  - 営業力の高いスタッフを雇う。
  - 営業力を高めるセミナーに参加する。

人脈
- 強み：ターゲット層と親しい関係にある知り合いがいる。
  - その知り合いと仲良くなってターゲット層を紹介してもらう。
- 弱み：同業者の知り合いが少ない。
  - 商工会のセミナーや交流会に参加して知り合いを増やす。
  - インターネット上のコミュニティに加わって、知り合いを増やす。

❷ モノ　店舗や事務所、商品、設備 など

- 強み：競合にはない付加価値を持った商品がある。
  - 取り扱いを増やして主力商品にする。
  - その付加価値を積極的にPRする。
- 弱み：中古の設備を使う予定なので状態がよくない。
  - 大切に扱い、手入れを入念に行う。
  - あらかじめ買い換えを想定した資金計画を立てる。

❸ カネ　現金や預貯金、売却できる資産、借金 など

- 強み：開業のためにコツコツ貯めた貯金がある。
  - 自己資金を多めに確保し、ゆとりある資金計画を立てる。
- 弱み：住宅ローンの返済を抱えている。
  - ローン返済分も確保した利益計画を立てる。

情報：業界や競合、顧客など、事業に役立つ情報のこと。個人事業においては、これらの情報を幅広く集めておくことで、適切な経営判断を下せるようになる。

Make a Plan!
▶ 基本知識 ◀
実　践
記入見本

事業運営のルールを決める

事業運営ではルールを決めて守ることが大切!

ルールがなければ信頼を失うおそれがある

事業計画を立てる際には、事業運営のルールも決めておきましょう。ルールを決めると、事業の効率化や安定に役立ちます。

また、「5〜10分くらいなら開店時間が遅れてもいいや」「支払日は今日だけど、明日も私用で銀行に行くから、その日にまとめて済まそう」などのように、いきあたりばったりの判断で仕事をしていては、消費者や取引先の信頼を失ってしまいます。

事業の健全性や信頼性を保つためにはルールを定めて、それをしっかりと守っていく姿勢が大切です。

法令を意識したルールにすることが大事

事業運営のルールとしては、営業日・時間、定休日、接客方法、締日・支払日、支払い方法、労働条件に関するものなどが挙げられます。

これらのルールを決めるうえで、まずは法令を意識しておきましょう。たとえば、業種によっては、深夜など特定の営業時間が法律や条例などで制限されている場合があります。

また、労働条件に関するルールは、とくに従業員を雇う際に大切になります。勤務時間や休憩時間、休日、給与などについて、労働基準法などに違反しない内容で定めましょう。

気をつけよう

ルール違反には　きびしい態度で臨む

決めたルールは、自分はもちろん、従業員などすべての人に守らせることが大切です。文書化したものを店舗や事務所に掲示したりするなどして、常に確認できるようにしておきましょう。ルールを破った人に対して、場合によってはペナルティを科すことも必要です。「これくらいなら許してあげよう」という態度では、遅刻が頻発するなど、せっかく定めたルールが崩れてしまいかねません。

条例：地方公共団体が独自に定める自主法。憲法により、国の定める法律の範囲内で制定することが認められている。

開業時に定めておきたい事業運営のルール

❶ 営業日(定休日)

基本的な営業日と定休日を定める。

- 毎週○曜日を定休日
- 毎月○日を定休日　など

> ゴールデンウィーク、夏期休暇、年末年始休暇などについても定める。

❷ 営業時間

事業に合わせた営業時間を設定する。
午前9時~午後6時　など

> SOHOも決めておくことで、規則的に働きやすくなる。

❸ 顧客への対応方法

顧客への対応方法を決める。
客商売の場合は必ず設定しておきたい。

- 服装、髪の毛の色や長さ
- 電話の応対方法
- 挨拶や注文の取り方
- クレームへの対処方法　など

> マニュアルをつくって見える場所に貼っておく。

❹ 締日・支払い方法

取引先への請求や支払いの方法を決める。

- 請求書の締日:「毎月末日」　など
- 支払日:「毎月20日」　など
- 支払い方法:「銀行振込」「口座振替」「現金手渡し」　など

> お金のトラブルは最も信用に関わるので、絶対にルールを破らない!

❺ 労働条件に関するもの

従業員を雇う場合は、労働基準法などの法律に沿った労働条件を設定する必要がある。

就業時間
午前9時~午後6時

休憩時間
1時間

休日
完全週休2日制(土日)

給与
時給1200円
(残業時は時給1500円)

労働基準法の決まり

[法定労働時間]
1週間で40時間以内、1日8時間以内
(休憩時間を除く)※例外規定あり

[休憩時間]
労働時間が連続6時間超の場合で45分以上
8時間超の場合で1時間以上

[法定休日]
1週間につき1日以上
もしくは4週間で4日以上

[給与]
早出・残業手当
朝5時~始業時間までと
終業時間から22時まで → 基本給の25%以上

深夜出勤手当
22時から翌朝5時まで → 基本給の25%以上
残業かつ深夜の場合 → 基本給の50%以上

休日出勤手当
法定休日に出勤した場合 → 基本給の35%以上
休日勤務かつ深夜の場合 → 基本給の60%以上

労働基準法:労働者の保護を目的に、労働条件に関する最低の基準などを定めた法律。事業者(使用者)と労働者の労働契約、賃金、労働時間、休憩時間、休日・休暇、年少者の保護などについて規定されている。

Make a Plan!

基本知識
▶ 実 践 ◀
記入見本

開業に必要なお金を計算する

必要な資金を具体的に洗い出してみよう!

開業時に必要な資金は開業資金と運転資金の2つ

事業に必要な資金（開業準備資金）は、開業時に必要な①**開業資金**と、開業後に事業を継続するために必要な②**運転資金**があります。

①**開業資金**には、独立店舗の場合であれば、店を借りるための保証金や内外装等の工事費などが、移動販売の場合であれば自動車の購入費などが挙げられます。②**運転資金**には、毎月の仕入れや人件費、家賃、広告宣伝費、水道光熱費、通信費などがあります。

資金計画を立てる際は、予測していなかった出費が生じることもあるので、多めに計算しておきましょう。事業開始後に資金不足におちいると、自身の生活にも影響を及ぼすので、きびしく見積もることが大切です。そこで、開業準備資金とは別に、3か月から半年分の生活費は確保しておくようにしましょう。

資金計画として具体的な数字を出す

資金がどれだけ必要になるか、それをどう調達するのかは資金計画としてまとめます。まず、資金がどれくらい必要になるかは、左ページのような**開業準備資金計算表**を作成して、具体的な数字を出しましょう。

気をつけよう!

自己資金は全体の
3分の1以上を目指そう

資金計画を立てるにあたって、自己資金では足りず、金融機関から借入を検討する人も多いでしょう。このとき、自己資金がどれだけあるのかが重要になります。金融機関の審査では、自己資金額が結果に大きく影響するからです。一般的な目安は開業資金の3分の1以上を自己資金でまかなえるかどうかで、自己資金の額がそれよりも低くなるほど、融資を得ることがむずかしくなります。

保証金：不動産を借りる際に、債務の担保として貸し主に支払うもの。借り主が家賃を滞納したときの補てんなどにあてられる。

開業準備資金計算表

①開業資金（→下表）、②運転資金（→P70）、③生活費（→P71）のそれぞれに必要な資金を記入していこう。費用は見積りをとるなどして、現実的な数字を入れることが大切だ。

❶ 開業資金

Ⓐ 店舗・事務所の賃借費用

礼金・保証金（敷金）	万円
前家賃（1か月分）	万円
仲介手数料	万円
その他	万円
小計	万円

Ⓑ 店舗・事務所の改装・設備費用

内外装工事費	万円
空調設備費	万円
厨房機器（飲食店の場合）	万円
商品棚（小売店の場合）	万円
什器・備品類（イス、テーブル、棚など）	万円
電話・FAX	万円
パソコン	万円
自動車・バイク（移動販売などの場合）	万円
その他	万円
小計	万円

Ⓒ 広告宣伝費

名刺	万円
ホームページ制作	万円
パンフレット・カタログ	万円
チラシ	万円
各種ノベルティ	万円
その他	万円
小計	万円

Ⓓ その他の費用

初回の仕入れ	万円
人材雇用費	万円
フランチャイズ加盟金等	万円
許認可の取得費	万円
その他	万円
小計	万円

合計　万円

- Ⓐ 店舗や事務所の賃借に必要な費用。
- Ⓑ 店舗や事務所を改装したり、事業に必要な機器や設備などを入手したりするための費用。
- Ⓒ 開業前に行う広告宣伝に必要な費用。
- Ⓓ 開業前の初回の仕入れなど、Ⓐ〜Ⓒ以外に必要な費用。

自己資金：事業を開始するための費用として、自分の現金や預貯金、有価証券、そのほかの財産などから確保するお金のこと。それでも資金が足りない場合は、借入などで工面することになる。

第2章 事業計画を立てる

運転資金は固定費と変動費（→P72）に分けて考えると、資金計画を整理しやすい。常に必要になる固定費をなるべく抑えた計画にできると、運営に有利といえる。

❷ 運転資金

固定費

Ⓐ 店舗・事務所の維持費用

店舗・事務所の家賃	万円
駐車場代	万円
水道光熱費	万円
通信費	万円
事務用備品・消耗品費	万円
新聞・図書費	万円
リース・メンテナンス代	万円
その他	万円
小計	万円

Ⓑ 人件費

スタッフ給与	万円
通勤費	万円
福利厚生費	万円
教育研修費	万円
その他	万円
小計	万円

Ⓒ 営業費

ガソリン代・移動交通費	万円
接待交際費	万円
会議費	万円
ホームページ運営費	万円
その他	万円
小計	万円

変動費

Ⓓ 仕入れ等にかかる費用

仕入れ	万円
材料費	万円
運送費	万円
外注費	万円
外注加工費	万円
営業用消耗品費	万円
その他	万円
小計	万円

Ⓔ 広告宣伝費

広告出稿料	万円
インターネット広告料	万円
パンフレット・カタログ	万円
チラシ	万円
看板	万円
ポスティング外注費	万円
各種ノベルティ	万円
その他	万円
小計	万円

合計	万円

Ⓐ 賃借料や水道光熱費など、店舗・事務所の維持にかかる費用。

Ⓑ 従業員の給料など、人材の雇用にかかる費用。

Ⓒ 営業活動に必要な費用。

Ⓓ 商品の仕入れや原材料の購入などにかかる費用。

Ⓔ チラシやパンフレットなど、広告宣伝に必要な費用。

個人事業者の生活費は、事業で得た利益の中からまかなわれる。①開業資金や②運転資金とは別に計算し、資金計画の中に組み込んで確保しておこう。

❸ 生活費

項目	金額	項目	金額
食費	万円	日用品代	万円
家賃・住宅ローン	万円	レジャー・交際費	万円
水道光熱費	万円	教養費（書籍代など）	万円
保険・年金	万円	衣類費	万円
税金（1か月の平均）	万円	子どもの教育費	万円
通信費（電話代、インターネット代など）	万円	備品・消耗品費	万円
私用での交通費	万円	自動車の維持費	万円
医療費	万円	その他	万円
		合計	万円

開業後、3か月〜半年くらいまでの生活費を確保しておかないと、事業が軌道に乗る前に生活費に困ることになりかねない。また、自宅を事務所兼用にしている場合は、家事按分（→P187）で経費に計上することを忘れないようにしよう。

開業前に必要な資金を整理しよう

開業時に必要なのは①開業資金だが、中長期的に事業を続けるためには、②運転資金と③生活費も開業前に算出しておくことが大切になる。

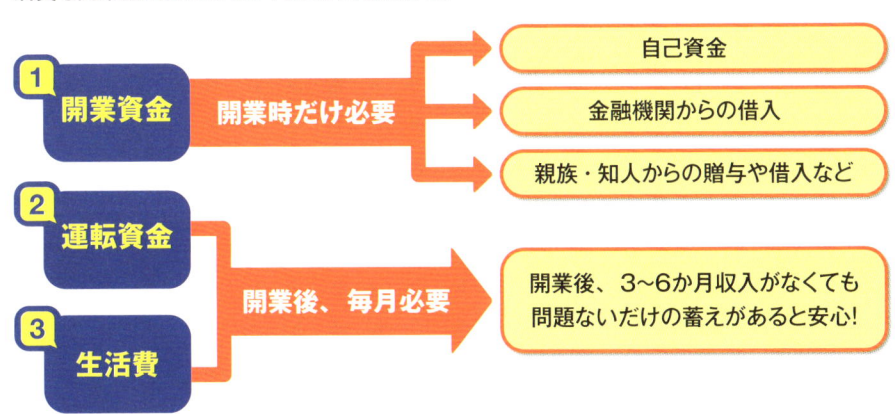

1 開業資金 → 開業時だけ必要 →
- 自己資金
- 金融機関からの借入
- 親族・知人からの贈与や借入など

2 運転資金
3 生活費 → 開業後、毎月必要 → 開業後、3〜6か月収入がなくても問題ないだけの蓄えがあると安心！

Make a Plan!

基本知識
▶ 実　践 ◀
記入見本

利益計画を立てる

利益のしくみの基本的な考え方を理解しよう！

利益計画は事業計画の中で最も重視される

事業を成功させるためには、利益のしくみを理解し、利益をコントロールすること（利益管理）が大切です。事業によって得られる利益を予測し、長い目でみた計画を立てるようにしましょう。

利益計画は、金融機関が融資の審査を行うときに、事業計画書の中で最も重視する部分です。なぜなら、安定的な利益の確保が、「貸した金が返ってくるかどうか」の判断に大きく影響するからです。そのため、融資を受ける予定があれば、最大限の注意を払って考えましょう。

利益計画では収益と費用の予測を立てる

利益は収益から費用を引くことによって求められます。

収益とは、事業活動によってもたらされた金額のことです。費用には、商品の原価（売上原価）や従業員の給与などがあります。したがって、利益計画では収益と費用の予測を具体的に立てていきます。

また、費用を検討する際には、**変動費（売上に比例して増減する費用）** と、**固定費（売上の増減にかかわらず発生する費用）** に分けて考えると、全体の費用を整理しやすくなります（↓P70）。

利益の計算方法を理解しよう

利益 ＝ 収益（売上） － 費用

- 収益（売上）：商品やサービスを提供して得た金額
- 費用：❶固定費と❷変動費の合計

❶ 固定費
人件費、家賃、営業費など。売上が変動しても固定費は変わらない。

❷ 変動費
仕入や外注費など。売上の増減に比例して、変動費も増減する。

回転率：席数に対して来店する客数の割合を示すもの。席数30のお店に1日30人来店する場合は回転率1となり、1日24人来店する場合は回転率0.8となる。

利益計画を立ててみよう

下の表は日本政策金融公庫の創業計画書（→ P82）から、利益計画を抜粋した表。費用を「売上原価」と「経費」に分けている。「軌道に乗った後」を半年〜1年後と捉えて、計画を立てよう。

		創業当初	軌道に乗った後
①売上高		万円	万円
②売上原価		万円	万円
③経費	人件費	万円	万円
	家賃	万円	万円
	支払利息	万円	万円
	その他	万円	万円
	③の合計	万円	万円
利益 ①-②-③		万円	万円

①売上高や②売上原価は、開業前からなるべく具体的に想定しておきたい。下の①②の計算方法を参考に、現実的な数字を出して記入してみよう。

❶ 売上高を計算する

売上高(円) ＝ 客単価 × 平均客数（席数×回転率） × 営業日数

- 1人の客が平均でいくら購入するか
- 1日の平均客数、あるいは飲食店の座席数に対する回転率
- 1か月あたりの営業日数は何日か

❷ 売上原価を計算する

売上原価 ＝ 売上高(円) × 原価率(％)

例 あるレストランの場合

- 平均客単価 …… 3,000円
- 座席数 …… 30席
- 回転率 …… 0.8回転
- 営業日数 …… 25日
- 原価率 …… 35％

▶売上高（月間）
3,000円×（30席×0.8回転）×25日＝**180万円**

▶売上原価（月間）
180万円×35％＝**63万円**

原価率：売上高に対する売上原価の比率のこと。「売上原価÷売上高×100」で求められる。売上高が180万円で、売上原価が63万円の場合、原価率は35％になる。

Make a Plan!
基本知識
▶ 実　践 ◀
記入見本

開業資金を調達する

自分のお金でまかなうか、誰かから借りるか…？

自己資金を最優先に活用する

開業資金として、**最優先に考えるべきは自己資金の活用**です。見落としがないように現金や普通預金だけでなく、定期預金や外貨預金なども確認してみましょう。

また、株式などの有価証券や貴金属類、高級外車など、現金に換えられる財産を処分して資金を工面する方法もあります。

金融機関からの融資なども検討する

自己資金だけで開業資金をまかなえないようなら、次に借入を検討します。借入先の候補としては、政府系金融機関と民間金融機関があります。

開業時の融資としては、市区町村や都道府県などの**各地方自治体が行っている制度融資**や、**日本政策金融公庫が用意している独立開業者向けの融資制度**がおすすめです。

一方、民間金融機関では都市銀行や地方銀行、信用金庫、信用組合などが事業者向けのローンを用意しています。ただし、信用度の理由から、個人事業の開業時に融資を受けることはむずかしいでしょう。

ほかには、家族や友人から借りる、親から生前贈与などの形で資金提供してもらうなども選択肢の1つでしょう。

プラスの知識

公的な補助金・助成金も活用しよう

国や地方自治体が用意している事業者を対象とした各種の補助金や助成金を利用する方法もあります。融資と違い、返済の必要はありませんが、多くは事業にかかった費用の一部を支出後に補助するものなので、開業時の資金としてはあてにできません。くわしくは、各自治体に問い合わせてみましょう。

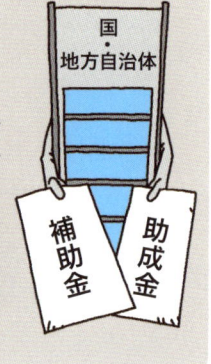

国・地方自治体
補助金　助成金

外貨預金：米ドルやユーロなど、外国の通貨建てで行う預金。通貨によっては円で預金するよりも受け取れる利息が高くなるメリットがある。

自己資金計算表を作成し、資金計画を立てよう

67ページで算出した開業資金をどうやって調達するかを考える。まずは、下の「自己資金計算表」で①自己資金を洗い出す。そして、足りない分は②金融機関からの借入や③親族や友人からの贈与・借入などで確保することになる。

❶ 自己資金（自己資金計算表）

項目	金額	項目	金額
現金	万円	株式・国債・社債などの有価証券	万円
定期・外貨預金	万円	自動車	万円
退職金	万円	宝石・貴金属類	万円
生命保険などの積立型保険	万円	その他	万円
		合計	万円

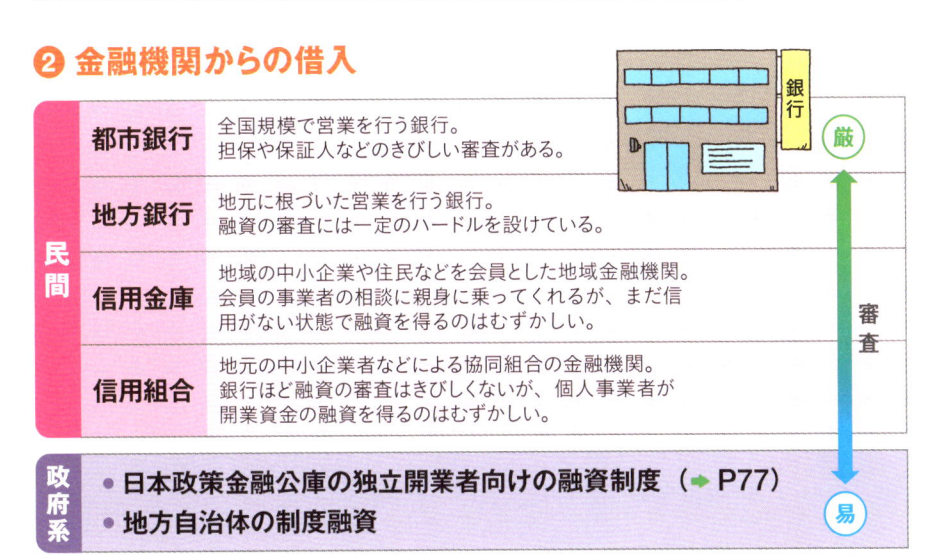

❷ 金融機関からの借入

民間	都市銀行	全国規模で営業を行う銀行。担保や保証人などのきびしい審査がある。
	地方銀行	地元に根づいた営業を行う銀行。融資の審査には一定のハードルを設けている。
	信用金庫	地域の中小企業や住民などを会員とした地域金融機関。会員の事業者の相談に親身に乗ってくれるが、まだ信用がない状態で融資を得るのはむずかしい。
	信用組合	地元の中小企業者などによる協同組合の金融機関。銀行ほど融資の審査はきびしくないが、個人事業者が開業資金の融資を得るのはむずかしい。
政府系	・日本政策金融公庫の独立開業者向けの融資制度（→ P77） ・地方自治体の制度融資	

審査：厳 ⇔ 易

❸ 親族や友人からの贈与・借入

▶ 1年間に**110万円を超える贈与の場合**には、贈与を受けた側に**贈与税**がかかる。

▶ 借入をする際には、後々のトラブルを防ぐために、**借用書を作成**しておくこと。

制度融資：地方自治体のあっせんによって信用保証協会の保証を得て、その保証によって民間金融機関から融資を受けること。債務者が返済できなくなったときは、信用保証協会が代わりに返済を行う。

Make a Plan!
▶ 基本知識 ◀
実　践
記入見本

日本政策金融公庫を活用する

日本政策金融公庫は個人事業者の心強いミカタ！

公庫の融資には多様なプランがある

個人事業者は法人に比べて社会的信用度が低いため、都市銀行などから融資を得ることは簡単ではありません。そこで融資が必要な場合には日本政策金融公庫（公庫）がオススメです。なぜなら、**公庫は個人事業者に向けた融資に積極的**だからです。

公庫からの融資には、①契約時の金利が最後まで適用される**固定金利**である、②返済期間を長く設定できる、③元金返済の据置期間を設定できる、④融資プランが多彩（➡左ページ）など、さまざまなメリットがあります。

公庫への融資の申し込みから審査、入金までの流れ

公庫から融資を得るには、まず所定の借入申込書のほか、創業計画書（記入例は➡P82）などの添付書類を作成します。

次に、借入申込書と添付書類を公庫に提出します。支店の窓口で直接手渡しても、郵送でもかまいません。

続いて、公庫の融資担当者との面談が行われます。**経歴や経験、事業内容や理念、コンセプト、優位性、資金計画、利益計画の根拠など**について具体的に質問されます。

以上の手続きを終えて融資が決まると、融資金が口座へと入金されます。

気をつけよう！

創業者向けといっても甘い計画は審査で落とされる

いくら公庫が個人事業への融資に積極的だといっても、根拠に乏しい計画、実現可能性が低い計画と判断されれば、審査で落とされます。ただし、開業前では、利益計画などの見込みの甘さに気がつかないことがあります。審査に通るか自信がないときには、税理士など専門家の力を借りることも検討してみましょう。創業計画書の作成から面接同行まで、手厚くサポートしてくれる人もいます。

固定金利：お金の借入などを行った際に生じる金利が、返済の最後まで変わらないもの。逆に、金利が途中で変わるものを変動金利という。

日本政策金融公庫の創業融資のポイント

日本政策金融公庫の国民生活事業では、営業実績が乏しいなどの理由から思うように資金調達ができずにいる創業期の事業者に向け、新規開業資金をはじめとした創業融資を行っている。

ポイント1　無担保・無保証人融資

新たに事業を始める人、
または開業から2期を終えていない人は、
原則として無担保・無保証人で利用できる。

ポイント2　利率を一律0.65％引き下げ

新たに事業を始める人、
または開業から2期を終えていない人は、
原則として利率を0.65％引き下げて利用できる。

ポイント3　長期で返済可能

設備投資は20年以内、
運転資金は10年以内と、
長期の返済期間で利用できる。

新規開業・スタートアップ資金

対象者	新たに事業を始める人、または事業開始後おおむね7年以内の人。
融資限度額	7,200万円（うち運転資金は4,800万円）
返済期間	設備資金：20年以内（うち据置期間5年以内） 運転資金：10年以内（うち据置期間5年以内）

※制度の内容は変更になる可能性があります。

担保・保証人：債務を確実に回収するために、債務者から提供を受けるものを担保という。債務者が債務を弁済できない場合に、債務者に代わって債務を弁済する義務を負う人を保証人という。

Make a Plan!
▶ 基本知識 ◀
実践
記入見本

開業に必要な資格と許認可を知る

無資格や無許可での営業は刑事罰の対象にも…!?

業種によっては資格や許認可が必要になることも

業種によっては、事業を行うために資格や許認可が必要となるものがあります。たとえば、税務にかかわるサービスを提供するのであれば、税理士の資格が必要です。また、飲食店を開業する場合には、保健所から営業許可を受けなければなりません。

必要な資格や許認可を得ずに事業を始めてしまうと、営業停止などの行政処分を受けたり、最悪の場合には懲役刑などの刑罰を科されることもあります。そのため、事前にどのような資格や許認可が必要かを確認し、事前に取得するようにしましょう。

資格や許認可にはさまざまなタイプがある

資格には、①国家資格、②公的資格、③民間資格の3つがあります。

①**国家資格**は、法律に基づいて国や国から委託を受けた機関が試験などを実施して認定するもの。②**公的資格**は公益法人や民間団体が主催・実施し、官庁や大臣が認定するもの。③**民間資格**は民間団体や企業、公益法人などが主催・実施して、認定するものです。

医師や弁護士のように、業務を行ううえで取得が絶対必要な資格のほとんどは①国家資格です。また、②公的資格や③民間資格の中には、持っていることが営業面でアピール材料になるものも少なくありません。

一方、許認可には、おもに①**届出**、②**許可**、③**免許**の3種類があります。一般的には、①→②→③の順に取得するのがむずかしくなります。

①**届出**は、所定の届出書を添付書類などと一緒に提出すれば、書類に不備がない限り認められます。

②**許可**は、所定の書類を提出し、さらに審査を経る必要があります。

③**免許**は、許可と同様の手続きが必要であり、なおかつ一定の資格を取得していることが求められます。

許認可がおりるまでには時間がかかることが多いので、余裕をもって取得のための準備を進めましょう。

保健所：公衆衛生の向上・増進を図ることを目的として、地域保健法に基づいて都道府県や指定都市などに設置されている機関のこと。公衆衛生に関わる許認可を司っている。

《 許認可が必要となるおもな業種を知ろう 》

職種	区分	受付窓口
飲食店	許可	保健所
弁当・総菜販売店	許可	保健所
菓子・パン製造	許可	保健所
喫茶店	許可	保健所
居酒屋	許可	保健所
薬局	許可	保健所
ホテル・旅館	許可	保健所
理容店・美容院	届出	保健所
クリーニング店	届出	保健所
古書店、リサイクルショップ、中古車販売	許可	警察署
質屋	許可	警察署
パチンコ、麻雀、ゲームセンター	許可	警察署
キャバクラ、スナック	許可	警察署
警備業	認定	警察署
建設業	許可	都道府県庁
不動産業	免許	都道府県庁
農薬販売	届出	都道府県庁
飼料販売	届出	都道府県庁
酒類販売	免許	税務署
労働者派遣事業	許可	労働局
個人タクシー事業	許可	運輸局
自動車分解整備事業	認証	地方運輸支局
たばこ販売	許可	日本たばこ産業

第2章 事業計画を立てる

おもな資格をチェックしよう

▶国家資格
- 医師 ・看護師 ・弁護士
- 公認会計士 ・税理士
- 理美容師 ・建築士
- 電気工事士 ・自動車整備士
- 調理師 ・介護福祉士 など

▶公的資格
- ビル経営管理士 ・販売士
- 消費生活アドバイザー
- 手話通訳士
- 福祉住環境コーディネーター
など

▶民間資格
- 家電製品アドバイザー
- 動物看護師
- 臨床心理士
- ITコーディネーター
など

委託：契約などの法的な行為や法的な効果を生じない事務処理などを他人に依頼し、行わせること。企業に雇われるのではなく、業務単位で仕事を請け負うことを業務委託という。

Make a Plan!

基本知識
▶ 実　践 ◀
▶ 記入見本 ◀

事業計画をほかの人に伝わる形にしよう！
事業計画書をつくる

事業計画書とは事業計画を文書にまとめたもの

60〜79ページまでで考えた事業計画は、第三者にもわかるように文書の形にまとめます。それが**事業計画書**です。

事業計画書の書き方には、法的に決められたルールがあるわけではありません。また、開業時に役所へ提出する必要もありません。したがって、融資を受ける予定がなくとも、第三者に見せる予定がなければ、自分にとって読みやすいかどうかだけを考えてまとめればよいでしょう。

しかし、融資を申し込む金融機関など、外部の人に見せることを前提とするのであれば、誰にとってもわかりやすくする必要があります。

根拠に裏付けられた事実と数字を上げることが大事

事業計画書をわかりやすく、説得力のあるものにするためには、客観的な視点をもって、**合理的な根拠に裏付けられた事実や数字を上げていくことが大切**です。

また、必要であれば、図表を活用してもよいでしょう。たとえば、数年先までの売上見込みなどは、グラフにしたほうがわかりやすくなります。あるいは商品やサービス提供風景の写真を掲載してもよいでしょう。

プラスの知識

日本政策金融公庫の創業計画書を参考にする

事業計画書の書き方に悩んだら、日本政策金融公庫の創業計画書（➡P82）を参考にしてみましょう。創業計画書は公庫に融資を申し込む際に必要な書類の1つで、事業計画書にまとめるべき要素が含まれています。そのため、創業計画書の各項目を記入していけば、自動的に事業計画書ができあがります。創業計画書は公庫のホームページから無料でダウンロードできます。

融資：資金を融通すること、つまりお金を貸すこと。貸し出された資金そのものを意味することもある。通常、借主は利息を支払わなければならない。

事業計画書の説得力や完成度を高めるコツ

事業計画書をまとめる際には次のような点を考慮すると、合理的で説得力のあるものにできる。

❶ 事業コンセプトは簡潔に

例 若い女性向けのアパレルショップの場合

誰に
20代の働く女性に！

何を
流行りに見劣りしないファッションを！

どのように
無理なく買えるリーズナブルな価格で提供！

❷ 資金計画と利益計画を明確にする

資金計画
- 必要な資金は具体的で見積りなどによる裏付けもあるか？
- 必要な資金の50％以上を自己資金でまかなえているか？
- 開業後の運転資金や生活費も考慮した計画になっているか？

利益計画
- 売上見込みは希望的な数字ではなく、きびしめに計算しているか？
- 仕入れや経費が現実的で、無理や無駄はないか？
- 半年から数年先の具体的な見込みも立てているか？

❸ 競合優位性を調べる

	自分	競合A（全国チェーン）
商品・価格	ブラウス1000〜2000円	ブラウス800〜2500円
販売方法	直販、ネット販売	直販、ネット販売
宣伝方法	SNSなどに着用姿や感想などを掲載	テレビCMなどのマス広告中心
強み	きめ細かい接客	認知度の高さ
弱み	経営資本の少なさ	小回りがきかない
コンセプト性	ターゲットを絞り込んだ商品展開	大量生産・大量販売による薄利多売

「きめ細かい接客」＝優位ポイント

競合優位性とは、競合と比較したときに自身の事業のほうが優っている点のこと。上の表のような視点で自身の事業と競合の比較検討を行い、優位性を探っておこう。

マス広告：マスメディア（テレビ・ラジオ・新聞・雑誌）で放送・掲載される広告のこと。多数の幅広い人に見てもらえるため、広告効果はかなり高いが、広告料金も高額になることが多い。

創業計画書の記入例

下の見本は、日本政策金融公庫に融資を申し込む際に必要な「創業計画書」。事業計画書に必要な要素がそろっているので、自分の事業計画書作りに役立てましょう。

創業計画書

お名前　松山 秀一

> 成功につながる知識や経験、実績があることをアピールするとよい。

1　創業の動機（創業されるのは、どのような目的、動機からですか。）

- かねてより独立開業を目指し、飲食店での店長職を務める中で、ひと通り知識と経験を得ることができたため。
- 現職での業務を通して仕入業者等のコネクションも増え、事業の見通しが立ったため。

2　経営者の略歴等（略歴については、勤務先名だけではなく、担当業務や役職、身につけた技能等についても記載してください。）

年月	内容
○年○月～	株式会社モンブラに入社・○○店に配属（4年6か月勤務）
○年○月～	「モンブラ」○○店の店長に昇格（3年勤務）
○年○月～	「モンブラ」○○店に店長として転属（3年勤務）
○年○月～	「モンブラ」○○店に店長として転属（5年勤務）
○年○月～	退職予定（退職金100万円）

> 勤務先と年数を明記する。

過去の事業経験	☑ 事業を経営していたことはない。 ☐ 事業を経営していたことがあり、現在もその事業を続けている。（事業内容：　　　） ☐ 事業を経営していたことがあるが、既にその事業をやめている。（やめた時期：　　年　月）
取得資格	☑ 特になし　☐ 有　（ 調理師免許 ○年○月に取得　番号　　　）
許認可（許可・届出等）	☑ 特になし　☐ 有　（　　　　　）
知的財産権等	☑ 特になし　☐ 有　（　　　　　）

3　取扱商品・サービス

事業内容	・○○地区周辺の夫婦世帯やファミリー層をターゲットに、本格的な欧風料理を提供する。 ・ヨーロッパの家庭的な雰囲気の店構えとして、くつろげる空間を提供する。
取扱商品・サービスの内容	① 昼　地中海の香りプレート（4種類）　客単価　800円　　（売上シェア 15 %） ② 夜　一品料理（イタリアンやフレンチなどをミックスした創作料理）客単価4,000円（売上シェア 85 %） ③

> 複数ある場合は看板商品を記入。価格帯や客単価もあると、計画性をアピールできる。

客単価（飲食・小売等）	円	受注（販売）単価（建設・製造等）	万円
営業日数（月）（飲食・小売等）	日	定休日（飲食・小売等）	営業時間（飲食・小売等）

セールスポイント（自社の強み）	・ヨーロッパの家庭的な雰囲気の店内で、本格的な欧風料理を手頃な価格で提供する。 ・ワインやカクテルなど、100種類超のドリンクを用意する。
販売ターゲット・販売戦略（集客方法）	・小さい子どもがいる夫婦や若い単身者がメインターゲット。
競合・市場など自社を取り巻く状況	・出店予定地は地元の人たちがよく訪れる、活気ある商店街の一角。 ・飲食店も多いが、本格的な欧州料理を安価で楽しめる店はない。 ・駅にもほど近く、昼間や休日だけでなく、平日夕方～夜の通行量も多い。

> 事業の強みや競合との差別化ポイント、ターゲットや市場調査のポイントなどを記入。

4　従業員

常勤役員の人数（法人の方のみ）	人	従業員数（3ヵ月以上継続雇用者数※）	1 人	（うち家族従業員　　　） （うちパート　　　）

※ 創業に際して、3ヵ月以上継続雇用を予定している従業員数を記入してください。

> 従業員は社員やパート、アルバイトの人数を記載する。

5　取引先・取引関係等

	フリガナ 取引先名	所在地等（市区町村）	取引先のシェア	掛取引の割合	うち手形割合 手形のサイト		
販売先	一般個人	○○区周辺の家族、会社員など	100 %	0 %	% 日	日〆	日回収
			%	%	% 日		
	ほか　　　社						
仕入先	（カ）エーショクヒン （株）A食品	○○区○○	35 %	100 %	% 日	末日〆	翌月末日支払
	シーインリョウ（カ） C飲料（株）	○○区○○	25 %	100 %	% 日		
	ほか　4　社		40 %	100 %	% 日		
外注先				%	%	% 日	
	ほか　　　社					日〆	日支払
人件費の支払	日〆	日支払（ボーナスの支給月　　月、　　月）					

> どのような形で販売するか。自店舗やネット販売で売るなら「一般個人」、他店舗に卸すならその店舗名などを記入。

> 仕入先が複数ある場合は、シェアの高い順に記入する。

> 外注先がある場合は記入する。
例 Cアウトソーシング　100%　100%　末日〆　翌月末日支払

第2章 事業計画を立てる

☆ この書類は、ご面談にかかる時間を短縮するために利用させていただきます。
☆ なお、**本書類はお返しできませんので、あらかじめご了承ください。**
☆ お手数ですが、可能な範囲でご記入いただき、借入申込書に添えてご提出ください。
☆ この書類に代えて、お客さまご自身が作成された計画書をご提出いただいても結構です。

6 関連企業 （お申込人もしくは法人代表者または配偶者の方がご経営されている企業がある場合にご記入ください。）

関連企業①	企業名		関連企業②	企業名	
	代表者名			代表者名	
	所在地			所在地	
	業種			業種	

> 個人的な借入がある場合は、借入先の金融機関名・支店名など、正しい内容を記入する。

7 お借入の状況（法人の場合、代表者の方のお借入）

お借入先名	お使いみち	お借入残高	年間返済額
○○銀行△△支店	□事業 ☑住宅 □車 □教育 □カード □その他	2,500万円	120万円
	□事業 □住宅 □車 □教育 □カード □その他	万円	万円
	□事業 □住宅 □車 □教育 □カード □その他	万円	万円

8 必要な資金と調達方法

必要な資金	見積先	金額	調達の方法	金額
設備資金 店舗、工場、機械、車両など （内訳）		750万円	自己資金	500万円
・店舗内外装工事 （C社見積りのとおり）		400	親、兄弟、知人、友人等からの借入 （内訳・返済方法）	100万円
・厨房機器 （D社見積りのとおり）		150	父 元金2万円×50回（無利息）	
・什器・備品類 （E社見積りのとおり）		100	日本政策金融公庫　国民生活事業 からの借入　元金10万円×35回（年3.4％）	350万円
・保証金		100	他の金融機関等からの借入 （内訳）	万円
運転資金 商品仕入、経費支払資金など （内訳）		200万円		
・仕入れ		80		
・人件費・家賃		45		
・水道光熱費・広告宣伝費等諸経費払い		75		
合　計		**950万円**	合　計	**950万円**

> それぞれ見積りをとってその数字を記入し、見積書なども添付する。

> ここの数字は一致させる。

9 事業の見通し（月平均）

	創業当初	1年後又は軌道に乗った後（　年　月頃）	売上高、売上原価（仕入高）、経費を計算された根拠をご記入ください。
売上高 ①	209万円	271万円	<創業当初> ①売上高（日曜定休）　昼（月〜土）　800円×20席×0.8回転×26日＝33万円　夜（月〜木）3,500円×20席×0.8回転×18日＝100万円　夜（金、土）4,000円×20席×1.2回転×8日＝76万円 ②原価率35％（勤務時の経験から） ③人件費　専従者（妻）1人　月給25万円　家賃　20万円　支払利息　350万円×年3.4％÷12か月＝1万円　その他光熱費、広告宣伝費等40万円 <軌道に乗った後> ①創業当初の1.3倍（勤務時の経験から） ②当初の原価率を採用 ③人件費　従業員1人増18万円　その他諸経費10万円増 （注）個人営業の場合、事業主分は含めません。
売上原価 ②（仕入高）	73万円	94万円	
経費　人件費（注）	25万円	43万円	
家賃	20万円	20万円	
支払利息	1万円	1万円	
その他	40万円	50万円	
合計 ③	86万円	114万円	
利益 ①－②－③	50万円	63万円	

> 借入金×年利率÷12か月で計算する。

> 借入金の返済はここから支払う。事業者の生活費はここに含まれる。

> 左表の数字の根拠を具体的に示す。きびしめに計算したうえで、黒字になっていることが大事。

10 自由記述欄（アピールポイント、事業を行ううえでの悩み、希望するアドバイス等）

これまでのご経験や事業内容の詳細が分かる計画書など、参考となる資料がございましたら、併せてご提出ください。

ケーススタディ2

計画が狂って借入金が返済できない

[借入金の返済と事業の立て直し]

ついに夢を叶えて美容室を開いたぞ！

借入もしたけど

もちろんそれは綿密に計算した上でのこと！

絶対大丈夫！

¥見込み利益
★返済プラン OK!

Cさん

……と思っていたけど

周辺には有名店も多く予想以上に苦戦!!

TVで紹介されている人気店

10代、20代に絶大な人気店

芸能人も多数通う話題の店

なんとかしのいでいたけど

ついに…

3か月　4か月　5か

資金繰りが悪化し借入金の督促状が届くようになってしまった…

督促状

どうしよう…

原因 売上が伸びないと返済プランも崩れる

事業が順調なら、借入金を返済していくことは問題ないでしょう。しかし、思うように売上が伸びなければ、返済に困ることも大いにありえます。

Cさんのように強力な競合店との争いに敗れて、経営難になることは誰にでも起こり得ることです。そうなれば、融資を受ける際には万全と思われた返済プランが、音を立てて崩れることになります。ほかにも病気やケガなどで、仕事ができなくなることがあるかもしれません。

返済が滞れば、信用にキズがついて、金融機関や取引先との関係が悪化する可能性が高まります。最悪の場合、そのまま破産してしまうことも考えられます。いったい、どうすればいいのでしょうか。

借入金の返済がむずかしくなったときの対処法

借入金の返済ができないかもしれない!!

1. 返済期間を延長してもらい、月々の返済額を減らしてもらう

　↓ それでも返せない

2. 返済を一定期間止めてもらう

　↓ それでも返せない

3. **小規模個人再生手続**を検討する

小規模個人再生手続とは

借金を返済できなくなった人への救済制度。返済総額を少なくし、その少なくなったあとの金額を原則3年間で分割して返済する再生計画を立て、その計画どおりの返済をする手続きのこと。

対象
個人商店主や小規模事業者など。

最低返済額
借金などの総額に応じて、最低返済額が決まる。

利用条件
以下の2つを満たすことが必要。
1. 住宅ローンを除く借金などの総額が5,000万円以下。
2. 将来にわたって継続的に収入を得る見込みがある。

たとえば 借金総額が100万円以上500万円以下の場合 → 最低返済額は100万円 この100万円を原則3年間で分割し、返済していく。

※くわしい情報は裁判所のホームページを参照。
（http://www.courts.go.jp/sendai/saiban/tetuzuki/kozinsaisei/index.html）

対策　返済期間や返済額について交渉してみる

事前策としては、融資額が少なくて済むようにしておくことです。Cさんの場合なら、もっと売上が少なくても運営できる事業計画にして借入金を少なくできないか、検討すべきだったかもしれません。

事後策としては、まずは、**返済期間を延長してもらう、あるいは返済を一定期間止めてもらうように交渉**しましょう。たとえば、日本政策金融公庫（→P76）では返済に関する相談窓口を設けていて、事情によっては返済について前向きに応じてくれます。

どうしても返すメドが立たないようなら、**小規模個人再生手続**（→上図）という選択肢もあります。ただし、どうしようもない場合の奥の手と考えておきましょう。

成功のヒント 2

「マイナンバー制度に適切に対応しよう」

マイナンバー制度が、2016年1月からスタートしています。

住民票を持つすべての人に、**12ケタのマイナンバー（個人番号）が与えられる**ものです。税金や社会保障、災害対策など、行政関連の手続きが簡略化され、円滑な行政サービスが受けられるようになるしくみとなっています。

個人事業者の場合は、主に次の4つの場面で関係してきます。

① **従業員を雇用したとき**
従業員の税金や社会保険に関わる手続きに必要。雇用時に従業員のマイナンバーを回収しておく。

② **自身の確定申告を行うとき**
確定申告書に事業者自身のマイナンバーを記載。配偶者特別控除や扶養控除を受ける場合には、対象の配偶者や扶養親族のマイナンバーも記載する。

③ **得意先に支払調書を作成してもらうとき**
得意先に支払調書を作成してもらうときに、自身のマイナンバーを提供。

④ **外注先の支払調書を作成するとき**
個人の外注先等の支払調書の作成時に、マイナンバーを提供してもらう。

マイナンバーは特定個人情報なので、悪用や流出は厳禁です。従業員や外注先のマイナンバーを回収する場合には、**取扱規程を設け、番号が記載された書類を金庫で厳重に管理するなど、万全な漏洩対策が必要**になります。取り扱いに不安がある場合は、**顧問税理士**などに管理を任せる方法もあります。

第3章

事業スタートの準備

開業に向けて事業の拠点となる開業場所と、
看板となる屋号を考えておきましょう。
また、事業の机やイス、パソコン、電話などの備品も
そろえておく必要があります。
また、税金に関する届出も必要なので、
忘れずに出すようにしましょう。

届出がいるの?

提出期限があるから気をつけろよ
❶は開業日から1か月以内

私は妻を「青色事業専従者」にする予定ですから

❶〜❹すべての提出が必要ですね

青色事業専従者
青色申告を選択している場合、従業員となっている家族や親族を「青色事業専従者」にできる。「青色事業専従者」に支払う給与は、全額経費として認められる。

すみません　物件選びにまで付き合わせてしまって…

店舗経営は「立地産業」と呼ばれるくらい立地選びが重要だからな

しかし悩みますね　どこも一長一短って感じで…　いまいち決め手が…

できれば人通りが多い場所やアクセスがよい場所がいいんですが…　繁華街とか駅周辺とか

予算との兼ね合いがあるからそう簡単に納得いく場所は見つからないもんだよ

じゃあ一度不動産屋に戻って改めて見直してみます

不動産

決めました!!
この部屋にします!!
神田さん!?
何してんの!?

あ、皆さん
やっぱり事務所をかまえようと思いまして
いやいや神田さんは自宅で十分でしょ
はぁ?
なんでそう決めつけるんですか!?

そこまで
はいはい

神田さんは自宅で作業できるよな？無駄な出費は失敗の原因になるぞ！

吉村さんがそう言うなら…あきらめます

それはそうと

いろいろな物件を見てきましたけど**どんな風に選ぶのがいいの**でしょうか？

まずは**立地の種類**としてこの**6つに分けて**とらえておこうか

Check! 6つの立地の種類

1 駅周辺 
地元住民以外に、沿線住民など不特定多数の集客を見込める。

2 商店街 
地元の会社員、主婦、学生、単身者など幅広い集客が見込める。

3 住宅街 
周辺住民が中心で、遠方からの集客は期待できない。

4 郊外 
周辺住民のほか、車などで遠方からの集客も期待できる。

5 繁華街 
観光客など周辺住民以外の集客も見込めるが、競合店も多い。

6 オフィス街 
会社員などの固定客を確保しやすいが、土日は客足が減る。

それで で決めるといいよ

客層（ターゲット）× 自事業のコンセプト

そうだな ターゲットとしている若い夫婦や単身者が多いなどの理由があるなら**住宅街**もありだな

商店街が有力でしょうか

なるほど…つまり私なら

客層 若い家族や単身者 × **コンセプト** 気軽に欧州料理を楽しめるお店

よさそうな物件があってよかったですね〜

不動産

コマ1	コマ2

ここことかはどうですかね?

うーん…もう少し駅から近くがいいんじゃないか?

ねばった甲斐がありました

あっ 松山さん

お店の名前はもう決めたんですか?

実はまだ迷っているんです

私は**自分の屋号**を

Aデザインにしようと思ってるんですよ!

お店でなくても屋号が必要なんですか?

ええ〜? 屋号をつけてるフリーランスの人いっぱいいますよ

そんなこともしらないんですかぁ〜?

Check!

屋号（商号）のポイント

ポイント1　わかりやすさが大事

「長……」
「エコロジ……？ファッショ……？」
「屋号は『エコロジカル＆ファッショナブル＆神田綾子デザイン……』」

ポイント2　信頼感を失うような名前は避ける

「ダメ！」
「『ちょちょいとデザイン』」

ポイント3　「株式会社〜」「〜銀行」など、別の業種と勘違いさせるようなものは禁止

「なんでだから」
「〜産業会社じゃ」
「ダメでしょ」
「決まり！」
「綾子証券！」

個人事業の場合絶対必要ではないけど

屋号（商号）があると**認知度が高まるし印象も変わる**からな

店舗経営をする場合は必須だな

店舗や屋号が決まったら**開業届の準備**も進めておくんだ

神田さんはもう出しただろ？

…カイギョウトドケ？

出してないんですか!?

え

届出がいるの？

❸ 青色申告にしないなら❸は不要

❹ 青色事業専従者を置かないなら❹は不要だな

個人事業の開業時にはこの**4つの届出**が必要なんだよ

Check! 開業時に必要な届出

❶ 個人事業の開業・廃業等届出書
国に対する届出。所得税など国税に関するもの。

❷ 事業開始等申告書
都道府県、市区町村に対する届出。住民税、事業税など地方税に関するもの。

❸ 所得税の青色申告承認申請書
確定申告を青色申告で行えるようにするための申請。

❹ 青色事業専従者(せんじゅうしゃ)給与に関する届出書
配偶者など親族で一定の要件を満たす人を青色事業専従者とするための届出。青色事業専従者を置く場合には、同時に「給与支払事務所等の開設届出書」(➡P145) の届出も必要。

青色申告ってなんですか？

確定申告には**白色申告**と**青色申告**の2つがあるんだよ

Check! 白色申告と青色申告

▶ **白色申告**
原則的な確定申告の方法。青色申告を選ばなければ、自動的にこちらになる。

▶ **青色申告**
簿記に基づいて帳簿を作成し、それをもとに確定申告する方法。所得から最高65万円の控除を受けられるなど、さまざまなメリットがある(➡P102)。

簿記
経理上の取引について、収入や支出、それによる残高などを記録すること。

帳簿づけは大変かもしれないけど青色申告を選んだほうがいろいろと助かるぞ！

くわしくは5章？

5章で！

私は妻を「青色事業専従者」にする予定ですから

①〜④すべての提出が必要ですね

青色事業専従者
青色申告を選択している場合、従業員となっている家族や親族を「青色事業専従者」にできる。「青色事業専従者」に支払う給与は、全額経費として認められる。

提出期限があるから気をつけろよ

❶は開業日から1か月以内

❷は自治体によって差があるけどおおむね15日〜1か月以内

❸❹は原則2か月以内だ

1か月以内って…

えーと…

明日までじゃん！？

ふたりとも手伝って〜

……

Ready for start!

基本知識
▶ 実 践 ◀
記入見本

開業場所と屋号を考える

自分にとってベストな営業場所と名前は？

開業場所の選択肢は自宅、賃借、購入の3つ

オフィスや店舗をどこに置くのかは、事業をスムーズに進めるうえで重要となります。とくに飲食店や小売店などの独立店舗を営むのであれば、立地は集客に大きく影響します。

開業場所の候補としては、まず自宅が考えられます。SOHOだけではなく、ネット販売や独立店舗でも有力な選択肢となります。実際、自宅を改造して家庭的な雰囲気の喫茶店や雑貨店を経営している人は少なくありません。

ほかにはオフィス・店舗用に物件を賃借する、もしくは購入することも考えられます。賃借する際には、左ページに挙げたチェックポイントを参考にしてみてください。

また、物件の購入は、賃借に比べて格段に初期費用がかかりますが、設備や内装を自由に変えられるメリットがあります。資金的に余裕があれば、選択肢に入れてみましょう。

屋号は何よりもわかりやすさが大事

屋号（商号）は、「誰が事業を行っているのか」を示す名称です。個人事業では、必ずしも屋号を決める必要はありません。もっとも、飲食店や小売店のように不特定多数の人を集客したい事業であれば、認知度を高めるために屋号をつけたほうがいいでしょう。

取引先やお客さんに覚えてもらうために、屋号はわかりやすいことが大事です。長すぎるもの、発音しにくいものは避けましょう。

また、すでにある有名ブランドなど、商標の登録を受けた名称と同じ屋号をつけることは商標法で禁止されています。自分がつけようと思っている屋号が商標登録されていないかどうか確認してください。ほかにも、「株式会社○○」のように法人と間違われる可能性のあるものや、「○○銀行」のように特定の業種を想起させる屋号も禁止されています。

商標法：商標に対する権利を保護することを目的とした法律。ほかの事業者と区別するために、商品やサービスにつけるマークを商標という。

オフィスや店舗を借りるときのチェックポイント

物件を借りるときには、以下の❶～❺のようなポイントに注意しておこう。実際に物件を探し回る際は、これらに加えて自分の希望も含めたチェックリストをつくっておくと、各物件を評価しやすくなる。

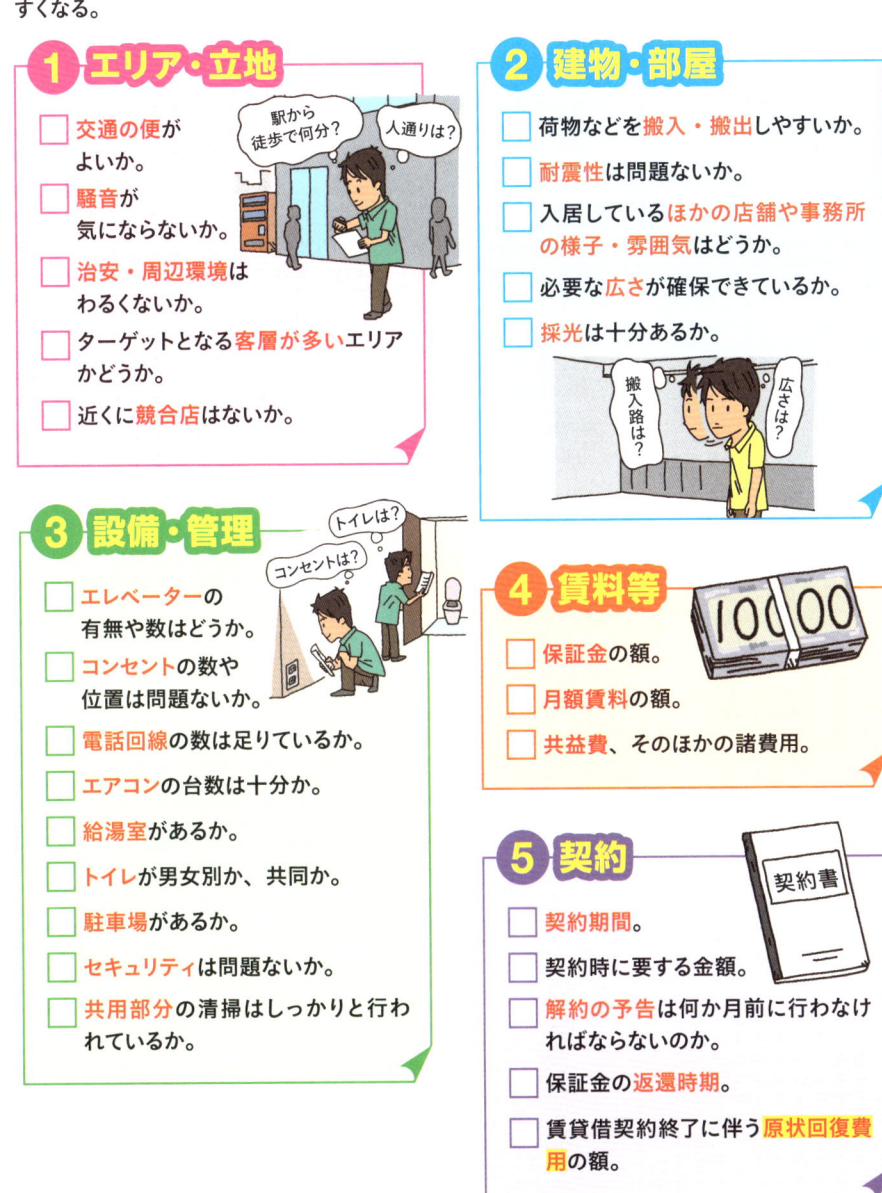

❶ エリア・立地

- ☐ 交通の便がよいか。
- ☐ 騒音が気にならないか。
- ☐ 治安・周辺環境はわるくないか。
- ☐ ターゲットとなる客層が多いエリアかどうか。
- ☐ 近くに競合店はないか。

❷ 建物・部屋

- ☐ 荷物などを搬入・搬出しやすいか。
- ☐ 耐震性は問題ないか。
- ☐ 入居しているほかの店舗や事務所の様子・雰囲気はどうか。
- ☐ 必要な広さが確保できているか。
- ☐ 採光は十分あるか。

❸ 設備・管理

- ☐ エレベーターの有無や数はどうか。
- ☐ コンセントの数や位置は問題ないか。
- ☐ 電話回線の数は足りているか。
- ☐ エアコンの台数は十分か。
- ☐ 給湯室があるか。
- ☐ トイレが男女別か、共同か。
- ☐ 駐車場があるか。
- ☐ セキュリティは問題ないか。
- ☐ 共用部分の清掃はしっかりと行われているか。

❹ 賃料等

- ☐ 保証金の額。
- ☐ 月額賃料の額。
- ☐ 共益費、そのほかの諸費用。

❺ 契約

- ☐ 契約期間。
- ☐ 契約時に要する金額。
- ☐ 解約の予告は何か月前に行わなければならないのか。
- ☐ 保証金の返還時期。
- ☐ 賃貸借契約終了に伴う原状回復費用の額。

原状回復費用：賃貸借契約が終了したあとで、物件を借りた人が故意や過失によって物件を壊したり、変えたりした部分を借りる前と同じ状態に戻すための費用。

Ready for start!
▶ 基本知識 ◀
実　践
記入見本

使い道とコストのバランスを考えて選ぼう！
事業に必要なアイテムをそろえる

アイテムの調達方法は購入、レンタル、リースで

事業を行うためには、電話やコピー機、机、椅子など、さまざまな事務機器や備品が必要です。ほかにも飲食業なら厨房機器、小売業なら商品棚など、業種に応じて必要なものもあります。こういったアイテムの調達方法としては、①購入、②レンタル、③リースの3つがあります。

① **購入**……買って自分の所有物にすること。
② **レンタル**……必要に応じて、モノを単発で借りること。
③ **リース**……毎月定額のリース料を払い、継続的に借りること。

事業用に印鑑と銀行口座を用意する

個人事業者となると、印鑑を使う機会が多くなります。そこで、①**実印**、②**銀行印**、③**角印**の3つは用意しておきましょう。

① **実印**は官公庁での諸手続き、<mark>公正証書</mark>の作成などの場面で必要になります。実印用の印鑑を作成し、市区町村役場で<mark>印鑑登録</mark>を行ってください。
② **銀行印**は銀行などの金融機関に届け出て使用する印鑑です。
③ **角印**は屋号を刻字したもので、見積書、注文書、領収書などを発行する際に押します。

プラスの知識

個人とは別に
事業用の口座も用意しよう

個人のものとは別に、事業用の銀行口座を用意することをおすすめします。生活資金と事業資金を同じ口座で管理していると、事業による入出金がわかりにくくなり、会計処理や税務処理を適切に行えなくなる危険があるためです。また、融資の審査を受ける際に銀行通帳の提示を求められることがありますが、事業用口座でしっかり資金管理していることがわかると、印象がよくなります。

公正証書：公証人が公証人法などの法律に基づいて作成する公文書。公証人とは、法務大臣が任命する法律の専門家。

予算や用途に応じて購入・リース・レンタルを使い分ける

第3章 事業スタートの準備

購入（自分のモノ！）
初期費用 ➡ **高い**　商品の選択肢 ➡ **多い**

▶ メリット
- 自分の所有物として改造やグレードアップを自由に行える。
- モノによっては担保として利用することもできる。
- 長期間使うモノなら、リースやレンタルに比べてコストを抑えられる。

▶ デメリット
- 現金一括払いの場合、初期費用が高くなりやすい。
- メンテナンスは自分で行うか、メーカーと保守契約を結ぶ必要がある。
- 処分する際、モノによっては廃棄費用が必要になる。

リース（月額リース料）
初期費用 ➡ **安い**　商品の選択肢 ➡ **少ない**

▶ メリット
- 契約の中に保守サービスが含まれているので、安心して使える。
- 最新機種に入れ替えやすい。
- リース契約終了後、再リースを選ぶとリース料が格段に安くなる。

▶ デメリット
- 契約終了時のトータルコストを考えると、購入するよりも割り高になることがある。
- 自分に所有権がない（例外あり）。
- 基本的に契約によって中途解約は禁止されている。

レンタル（レンタル料）
初期費用 ➡ **安い**　商品の選択肢 ➡ **少ない**

▶ メリット
- 中古品を選べば、リースよりも初期費用を抑えられることがある。
- 頻繁に交換するもの（おしぼりなど）や臨時で使うもの（自動車やテントなど）などに向いている。
- リースに比べて短期間で解約できる。

▶ デメリット
- 中古品の場合、モノの状態や性能がよくない場合がある。
- 自分に所有権がない。
- 長期利用すると、割り高になるおそれがある。

実印、銀行印、角印を作成しよう

実印（秀松一山）　直径8mm以上、25mm以内
- フルネームか、姓・名のいずれか、姓と名の一部を組み合わせたもの。
- ゴム印、プレス印など、変形しやすいものはNG。

銀行印（秀松一山）　直径8mm以上、25mm以内
- 基本は「姓＋名」だが、「屋号＋個人名」の印をつくることを認める銀行もある。
- 悪用される危険が最も高いので厳重に保管する。

角印（Trattoria Pino）　直径8mm以上、25mm以内
- 縦書きの場合が多いが、屋号がアルファベットの場合は横書きでもOK。
- 頻繁に使うので、耐久性のある材質を選ぶ。

印鑑登録：個人は市区町村に、法人は法務局に、それぞれ印鑑登録することで、登録された印鑑が「実印」であることを公に証明する制度。

Ready for start!
▶ 基本知識 ◀
実　践
記入見本

事業開始の届出をする

必要な提出書類をしっかり押さえておこう！

開業時には税金に関する届出書の作成が必要になる

個人事業の開業では、法人設立ほど複雑な手続きはありません。ただ、税金にかかわる届出書は必ず提出しなくてはいけません。

まず、すべての個人事業者が提出するものに、①**個人事業の開業届出書**、②**事業開始等申告書**があります。それから青色申告事業者（→P102）になる場合には③**青色申告承認申請書**、青色事業専従者を置く場合には④**青色事業専従者給与に関する届出書**も提出する必要があります。いずれも必要な内容がきちんと記載されていれば問題ありません。

届出には期限があるので早めに行う

届出には、一般的に期限があります。**定められた期限に遅れると、本来受けられるはずの特典を受けられなくなる**などのおそれがあります。

たとえば、青色申告承認申請書の届出を所定の期限までに行わなければ、青色申告の特典を利用できなくなり、結果的に税負担が重くなるかもしれません。

届出の提出期限に遅れないようにするため、それぞれの書面について、届出先や提出期限を整理してあらかじめリストアップしておくとよいでしょう。

個人事業の開業時に提出が必要な届出

開業するすべての個人事業者
- ❶ **個人事業の開業・廃業等届出書**（→ P104）
  税務署に事業を始めることを知らせるための届出。
- ❷ **事業開始等申告書**（→ P106）
  地方自治体に事業を始めることを知らせるための届出。

青色申告を希望する人
- ❸ **所得税の青色申告承認申請書**（→P108）
  確定申告を青色申告で行うための届出。

青色事業専従者を置きたい人
- ❹ **青色事業専従者給与に関する届出書**（→P110）
  配偶者などの親族を青色事業専従者とするための届出。

※①③④の届出には、原則として個人番号（マイナンバー）の記載が必要。

e-Tax：正式名称を「国税電子申告・納税システム」という。所得税の確定申告のほか、法人税や消費税の確定申告、贈与税や酒税、印紙税の納税申告もできる。

税金関係の届出にはe-Taxが便利!

e-Taxとは、国税に関する各種手続きをインターネットで行うシステム。確定申告も可能で、利用するためには、事前に下の**1～5**の手続きが必要となる。

1 電子証明書を取得する。

電子証明書とは、信頼できる第三者（認証局）が間違いなく本人であることをデジタル上で証明するもの。

e-Taxで利用できる電子証明書を発行する機関
- 公的個人認証サービス
- 株式会社帝国データバンク
- 日本電子認証株式会社
- セコムトラストシステムズ株式会社
- 地方公共団体組織認証基盤（LGPKI）
- 商業登記認証局
- 東北インフォメーション・システムズ株式会社
- 株式会社NTTネオメイト
- ジャパンネット株式会社
- 政府共用認証局（官職認証局）

2 電子申告等開始届出書を所轄の税務署に提出し、利用者識別番号を取得。

e-Taxを開始するために必要な電子申告等開始届出書そのものも、インターネットを利用して提出することができる。

3 e-Taxソフトのインストールや電子証明書の登録などの初期登録を行う。

4 e-Taxソフトなどを利用して申告等データを作成し、送信する。

5 送信データの審査結果（受信通知）を確認する。

気をつけよう! もし個人事業をやめたいときは?

　個人事業を<mark>廃業</mark>するときにも、そのための届出を税務署に提出する必要があります。同じように青色申告の特典など、届出によって認められていた制度の利用をやめる場合にも、その旨の届出が必要となることがあります。

　これらの届出を怠っていると、事業をやめたのに税金の申告を促されるなどの事態もあり得ます。届出を行うときには、それをやめるときにも手続きが必要なのかどうかを、あらかじめ確認しておきましょう。

廃業：それまで行ってきた事業を廃止すること。廃業の場合、事業を再開することは想定されておらず、一時的に事業をやめる場合は休業となる。個人事業の場合は、廃業に関わる届出を提出するだけでよい。

Ready for start!
基本知識
▶ 実　践 ◀
▶ 記入見本 ◀

青色申告事業者の特典を活用する

青色申告で税金面のメリットをたくさんゲットしよう！

確定申告の方法には青色申告と白色申告がある

個人事業者は事業で得た所得について、確定申告（→P210）を行わなければなりません。確定申告によって所得税額が定まり、住民税や事業税などの税額も決まります。

確定申告を行う方法には、白色申告と青色申告の2種類があります。どちらを選ぶかによって、作成する申告書の中身や手続きなどが変わってきます。

白色申告は、原則的な申告方法といえます

白色申告は、青色申告を選択しなければ、自動的に白色申告になります。青色申告を選択したことに比べると、申告書の作成手続きは簡単です。

一方、青色申告は、原則である白色申告に対して特例として認められているものです。具体的には複式簿記などに基づいて帳簿を作成し、その記帳で所得や所得税を計算する申告方法です。申告用紙が青色だったことが、名前の由来となっています。

青色申告で確定申告を行う事業者を青色申告事業者といい、個人事業者にはありがたいさまざまな特典が認められています。

さまざまなメリットがある青色申告がおすすめ

青色申告事業者となるためには、青色申告承認申請書を提出する必要があります（→P108）。さらに②青色事業専従者給与の必要経費算入の特典を利用する場合には、青色事業専従者給与に関する届出書を提出しなければなりません（→P110）。

青色申告にすることをおすすめします。青色申告事業者には、①青色申告特別控除、②青色事業専従者給与の必要経費算入、③純損失の繰越しと繰戻しという白色申告にはない特典が認められています（→左ページ）。

これらの特典を上手に活用することによって、白色申告の場合に比べて、所得税などの税負担を大きく減らすことができるからです。

申告する際には、青色申告にする

住民税：地方自治体による行政サービスにかかる経費を、税金の形で負担するもの。市区町村に納めるものと都道府県に納めるものがある。

3つの青色申告の特典を活用しよう

第3章 事業スタートの準備

特典1 青色申告特別控除

簿記によって記帳している場合、**所得税が一定額まで控除**される。複式簿記の場合には所得から**最高65万円**が、単式簿記の場合には所得から**最高10万円**が控除される。

- **複式簿記の場合** ➡ **最高65万円**※
- **単式簿記の場合** ➡ **最高10万円**

※電子申告または電子帳簿保存を行わない場合は、55万円となる。

特典2 青色事業専従者給与の必要経費算入

一定の条件を満たしている親族（青色事業専従者）に支払った給与は、**全額を必要経費に算入**することができる。妻や夫など、配偶者を青色事業専従者にするケースが多い。

事業者 →（給与：全額経費に算入できる）→ 専従者

特典3 純損失の繰越しと繰戻し

純損失の繰越し

赤字が出た場合、その損失額を以後3年間にわたって、**各年の所得額から差し引く**ことができる（くわしくは➡P220）。

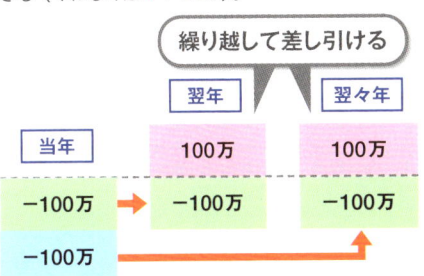

繰り越して差し引ける

当年	翌年	翌々年
	100万	100万
−100万	−100万	−100万
−100万		

つまり 損失を繰り越すことによって、**3年間にわたって所得額を減らせる！**

純損失の繰戻し

赤字が出た場合、その損失額を前年に繰り戻して、前年の所得額を減らすことができ、かつ**前年の所得税額の還付を受けられる**（前年も青色申告している場合）。

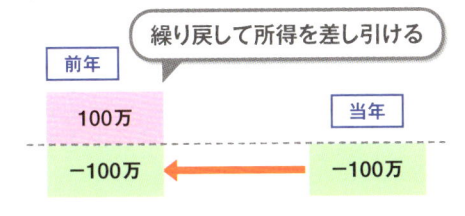

繰り戻して所得を差し引ける

前年	当年
100万	
−100万	−100万

つまり 当年の純損失を繰り戻すことによって、**前年の所得額を減らせる！**

事業税：事業を行う際に利用する道路などの公共サービスの経費の一部を、税金を納める形で負担するもの。個人に課税されるものは個人事業税という。

個人事業の開業・廃業等届出書の記入例

目的
事業を始めることを税務署に知らせるために提出するもの。「開業」だけでなく、「廃業等」とも記されているのは、廃業したときや事務所や店舗を新設、増設、移転、廃止したときにも、この書面を提出する必要があるため。

提出期限
事業開始の事実があった日（事業開始日）から**1か月以内**。

提出先
納税地（通常は住所地）を所轄する**税務署**。

提出方法
税務署へ**直接持参**、**郵送**、**e-Tax**から選べる。

ポイント
個人事業者にとって、**ほぼ唯一の外部に示せる開業証明書**になる。労働保険に加入するときなどに提示を求められるので、**収受印のある届出の控えは大切に保管**しておくこと。

プラスの知識

e-Taxでは「メール詳細」が収受印の代わりになる

上述のように、届出には税務署の収受印の控えが必要になることがあります。しかし、「e-Tax」で電子申告した場合には、税務署の収受印がありません。

この場合には、届出の写しといっしょに、ヘッダーかフッターに国税庁ホームページのURLが印字された「メール詳細」を添付すれば、収受印の代わりになります。

URLは必須なので、印刷した際に印字されていない場合には、ブラウザソフトを変えてみるなどの対応が必要になることがあります。

第3章 事業スタートの準備

個人事業の開業・廃業等届出書

1 0 4 0

税務署受付印

○○ 税務署長

○○年 ○月 ○日提出

納税地	☑住所地・○居所地・○事業所等（該当するものを選択してください。） （〒 xxx - xxxx） 東京都千代田区神田○○丁目○番地 （TEL 03 - xxxx-xxxx）
上記以外の住所地・事業所等	納税地以外に住所地・事業所等がある場合は記載します。 （〒 xxx - xxxx） 東京都文京区湯島○○丁目○番地 （TEL 03 - xxxx-xxxx）
フリガナ	ニシヤマ ヒガシオ
氏名	西山 東男
生年月日	○大正 ☑昭和 ○平成 ○令和 ○○年 ○月 ○日生
個人番号	X X X X X X X X X X X X
職業	喫茶店の経営
フリガナ	カフェ イースタンオアシス
屋号	Café イースタンオアシス

個人事業の開廃業等について次のとおり届けます。

届出の区分	☑開業（事業の引継ぎを受けた場合は、受けた先の住所・氏名を記載します。） 住所 _____ 氏名 _____ 事務所・事業所の（○新設・○増設・○移転・○廃止） ○廃業（事由） （事業の引継ぎ（譲渡）による場合は、引き継いだ（譲渡した）先の住所・氏名を記載します。） 住所 _____ 氏名 _____
所得の種類	○不動産所得・○山林所得・☑事業（農業）所得 〔廃業の場合……○全部・○一部（　　）〕
開業・廃業等日	開業や廃業、事務所・事業所の新増設等のあった日　○○年 ○月 ○日
事業所等を新増設、移転、廃止した場合	新増設、移転後の所在地 _____（電話）_____ 移転・廃止前の所在地 _____
廃業の事由が法人の設立に伴うものである場合	設立法人名 _____ 代表者名 _____ 法人納税地 _____ 設立登記 ○○年 ○月 ○日
開業・廃業に伴う届出書の提出の有無	「青色申告承認申請書」又は「青色申告の取りやめ届出書」　☑有・○無 消費税に関する「課税事業者選択届出書」又は「事業廃止届出書」　○有・☑無
事業の概要 （できるだけ具体的に記載します。）	個人経営の喫茶店で、オリジナルブレンドのコーヒーやパスタ、ピザなどの軽食を提供する。

給与等の支払の状況

区分	従事員数	給与の定め方	税額の有無	その他参考事項
専従者	1人	月給	☑有・○無	
使用人			○有・○無	
計			○有・○無	

源泉所得税の納期の特例の承認に関する申請書の提出の有無	☑有・○無	給与支払を開始する年月日	○○年 ○月 25日

関与税理士							
（TEL - - ）	税務署整理欄	整理番号	関係部門連絡	A	B	C	番号確認 身元確認 □ 済 □ 未済
		源泉用紙交付 0	通信日付印の年月日 年 月 日	確認	確認書類 個人番号カード／通知カード・運転免許証 その他（　　）		

吹き出し注釈

- 納税地と同一の場合、記入はしなくてよい。
- 納税地を選んで、住所と電話番号を記入する。
- 屋号があれば記入する。
- 事業者本人の個人番号（マイナンバー）を記載する。
- 職業名は具体的に記載する。
- 「開業」に✓を入れる。
- 事業を開始した日を記入する。
- 届出をしている場合は「有」に、していない場合には「無」に✓を入れる。
- 事業内容について、具体的に記入する。
- 人を雇う場合に必要になる。家族・親族を青色事業専従者として雇う場合は「専従者」の欄に、その他の従業員を雇う場合は「使用人」の欄に、人数と給与の支払方法、源泉所得税の発生の有無に✓を入れる。
- 源泉所得税の納期の特例を希望するのであれば、「有」に✓を入記入し、申請書を提出する。
- 給与の支払を始める日（1回目の給与支払日）を記入する。

事業開始等申告書の記入例

目的
税務署ではなく、**都道府県と市区町村に事業の開始を知らせる**ための書類。「旧（変更前）」の欄があるのは、事業所や店舗の移転をする際にも届出が必要なため。そのほか、事業所や店舗を増設したり、廃止したりするときにも必要になるが、その際は「事由等」にその旨を記入する。

提出期限
おおむね事業を開始した日から**1か月以内**（自治体によって差があり、**東京都の場合は15日以内**）。

提出先
納税地（通常は住所地）を所管する**都道府県税事務所**。

提出方法
直接持参もしくは**郵送**。

ポイント
「開業・廃業等届出書」は国税の納付を申告する意味合いがあるのに対して、「事業開始等申告書」は**地方税の納付を申告する**ものである。国税には所得税や消費税などが、地方税には住民税や事業税などがある。

気をつけよう！ 地方ごとに書式や提出書類が違うので注意

事業開始等申告書は、自治体ごとに書式が異なります。左ページの東京都の書式では、法人の設立も想定した記載欄も設けられていますが、ほかの道府県ではこのようなスペースが設けられていないものもあります。

また、他県の事務所（事業所）や関わっている税理士の氏名や電話番号の記載を求めている例や、添付書類として事業などの内容が確認できるものを求められることもあります。地方ごとに異なるので、各自治体で確認しましょう。

第32号様式(甲)(条例第26条関係)

事業開始等申告書（個人事業税）

> **新たに開業する事業の名称・屋号を記入する。**

> **開業する場合なので、「新（変更後）」の欄に事務所・店舗の住所を記入する。**

> **事務所や店舗を移転する際には、移転前の住所、名称・屋号、事業の種類を記入する。**

		新（変更後）	旧（変更前）
事務所（事業所）	所在地	東京都文京区湯島○○丁目○番地 電話　03（××××）××××	電話　（　　）
	名称・屋号	Café イースタンオアシス	
	事業の種類	飲食業（喫茶店）	

> **事業の種類を具体的に記入する。**

事業主住所が事務所（事業所）所在地と同じ場合は、下欄に「同上」と記載する。
なお、異なる場合で、事務所（事業所）所在地を所得税の納税地とする旨の書類を税務署長に提出する場合は、事務所（事業所）所在地欄に○印を付する。

事業主	住　所	東京都千代田区神田○○丁目○番地 電話　03（××××）××××	電話　（　　）
	フリガナ	ニシヤマ ヒガシオ	
	氏　名	西山 東男	

開始・廃止・変更等の年月日	○○年○月○日	事由等	㊇始・廃止・※法人設立 その他（　　　）

> **「開始」の文字を○で囲む。**

※法人設立	所　在　地		法人名称	
	法人設立年月日	年　　月　　日（既設・予定）	電話番号	

> **事業を開始した日を記入する。**

> **事業を廃止する場合の申請書でもあるので、廃止する理由や、「法人の設立」である場合に必要事項を記入。**

東京都都税条例第26条の規定に基づき、上記のとおり申告します。

　　　　　　　　　　　　　　　　　　　　　　○○年○月○日

　　　　　　　　　　　　　　　　　氏名　**西山 東男**

千代田　都税事務所長　殿
　　　　支　庁　長

（日本工業規格A列4番）

備考　この様式は、個人の事業税の納税義務者が条例第26条に規定する申告をする場合に用いること。

（都・個）

※この書式は東京都のもの。

所得税の青色申告承認申請書の記入例

目的
所得税の申告で**青色申告を選ぶ場合**に提出する。この届出を出さない場合、個人事業者は自動的に白色申告となる。つまり、青色申告で確定申告を行わないのであれば、この届出は必要ない。

提出期限
最初の年は開業した日から**2か月以内**。
1月15日までに開業または2年目以降に申請する場合は、**その年の3月15日まで。**

提出先
納税地を所轄する**税務署**。

提出方法
税務署へ**直接持参**、郵送、e-Tax。

ポイント
開業時はしなければならないことが多いため、「所得税の青色申告承認申請書」の提出をつい忘れてしまう場合がある。そこで、開業時に青色申告をすることに決めているのであれば、「**個人事業の開業・廃業等届出書」と合わせて提出する**ようにしよう。

プラスの知識：青色申告をやめたい場合は？

　青色申告の承認を受けていたものの、帳簿をつけるのが面倒になって白色申告にしたいと思うことがあるかもしれません。
　青色申告をやめる場合には、「所得税の青色申告の取りやめ手続」を行います。青色申告を取りやめようとする年の翌年3月15日までに、「所得税の青色申告の取りやめ届出書」を提出すればOKです。
　なお、青色申告をやめるのと同時に事業自体も廃止する場合には、「個人事業の廃業届出書」も合わせて提出することが必要となります。

所得税の青色申告承認申請書

> 納税地、所轄税務署、提出日、住所、氏名、職業、屋号などを記入する。

税務署受付印

[1 0 9 0]

____○○____ 税務署長

○○年 ○月 ○日提出

納税地	☑住所地・◯居所地・◯事業所等（該当するものを選択してください。） （〒×××－××××） 東京都千代田区神田○○丁目○番地 （TEL 03 - ×××× - ××××）
上記以外の 住所地・ 事業所等	納税地以外に住所地・事業所等がある場合は記載します。 （〒×××－××××） 東京都文京区湯島○○丁目○番地 （TEL 03 - ×××× - ××××）
フリガナ	ニシヤマ ヒガシオ
氏 名	西山 東男　　生年月日　◯大正・☑昭和・◯平成・◯令和　○○年 ○月 ○日生
職 業	喫茶店の経営　　フリガナ カフェ イースタンオアシス　　屋 号 Café イースタンオアシス

> 「本店」と「支店」など、事業所・店舗などが複数ある場合には、その名称と所在地も記入する。

○○年分以後の所得税の申告は、青色申告書によりたいので申請します。

1 事業所又は所得の基因となる資産の名称及びその所在地（事業所又は資産の異なるごとに記載します。）
　　名称　Café イースタンオアシス　　　所在地　東京都文京区湯島○○丁目○番地
　　名称　　　　　　　　　　　　　　　所在地

2 所得の種類（該当する事項を選択してください。）
　　☑事業所得 ・ ◯不動産所得 ・ ◯山林所得

> 「事業所得」に✓を入れる。

3 いままでに青色申告承認の取消しを受けたこと又は取りやめをしたことの有無
　(1) ◯有（◯取消し・◯取りやめ）　　　年　　月　　日　　(2) ☑無

> 初めて青色申告の承認を申請する場合、「無」に✓を入れる。

4 本年1月16日以後新たに業務を開始した場合、その開始した年月日　　○○年 ○月 ○日

5 相続による事業承継の有無
　(1) ◯有　相続開始年月日　　　年　　月　　日　被相続人の氏名＿＿＿＿＿＿　(2) ☑無

6 その他参考事項
　(1) 簿記方式（青色申告のための簿記の方法のうち、該当するものを選択してください。）
　　　☑複式簿記・◯簡易簿記・◯その他（　　　　　　　　）

　(2) 備付帳簿名（青色申告のため備付ける帳簿名を選択してください。）
　　　☑現金出納帳・☑売掛帳・☑買掛帳・◯経費帳・☑固定資産台帳・☑預金出納帳・◯手形記入帳
　　　◯債権債務記入帳・☑総勘定元帳・☑仕訳帳・◯入金伝票・◯出金伝票・◯振替伝票・◯現金式簡易帳簿・◯その他

　(3) その他

> 相続によって事業を受け継いだ場合には、「有」に✓を入れて、相続開始年月日と相続を受けた人の氏名を記入する。

> 帳簿の記載方式を選び、選択したほうに✓を入れる。

> 複式簿記の場合には、現金出納帳、売掛帳、買掛帳、経費帳、預金出納帳、総勘定元帳、仕訳帳などの備えつけが必要。

関与税理士
（TEL　－　－　）

税務署整理欄	整理番号	関係部門連絡	A	B	C
	0				
	通信日付印の年月日		確認		
	年　月　日				

第3章　事業スタートの準備

109

青色事業専従者給与に関する届出書の記入例

目的
青色申告を選択している場合に、従業員となっている家族や親族を**「青色事業専従者」とするために提出**する。青色事業専従者に支払う給与の全額は経費として認められることになる。

提出期限
最初の年は開業の日から、または専従者になった日から**2か月以内**。1月15日までに開業もしくは専従者となった場合または2年目以降は、青色事業専従者給与額を必要経費に算入しようとする年の**3月15日まで**。

提出先
納税地を所轄する**税務署**。

提出方法
税務署へ**直接持参**、**郵送**、**e-Tax**。

ポイント
「青色事業専従者」となるためには、以下の①～③の要件を満たす必要がある。

① 青色申告事業者と同じ生計で生活する配偶者またはその親族であること。
② その年の12月31日現在で、15歳以上であること。
③ 届出を提出した年で6か月を超える期間（一定の場合には、事業で働くことができる期間の半分を超える期間）、青色申告事業者の行う事業に専属で働いていること。

プラスの知識：青色事業専従者の給与の平均は200万円台前半

　青色事業専従者の給与は全額必要経費とすることができますが、その額があまりに多すぎると税務署に認めてもらえないおそれがあります。もちろん給料の額を決めるのは事業者の自由ですが、給与の適正金額について税務調査で指摘され、経費として認められないこともあります。

　税務署の統計によれば、青色事業専従者1人当たりの平均給与額は200万円台の前半で推移しています。青色事業専従者の給料を決める際には、このようなデータも参考にしてみましょう。

第3章 事業スタートの準備

- 納税地、所轄税務署、提出日、住所、氏名、職業、屋号などを記入する。
- 初めて届け出る場合は、「届出」に✓を入れる。

青色事業専従者給与に関する 届出／変更届出 書

1120

税務署受付印

○○ 税務署長

○○年 ○月 ○日提出

納税地	●住所地・○居所地・○事業所等（該当するものを選択してください。） （〒 ×××-×××× ） 東京都千代田区神田○○丁目○番地 （TEL 03- ××××-×××× ）
上記以外の住所地・事業所等	納税地以外に住所地・事業所等がある場合は記載します。 （〒 ×××-×××× ） 東京都文京区湯島○○丁目○番地 （TEL 03- ××××-×××× ）
フリガナ 氏　名	ニシヤマ ヒガシオ 西山　東男	生年月日	○大正 ●昭和 ○○年 ○月 ○日生 ○平成 ○令和
職　業	喫茶店の経営	フリガナ 屋　号	カフェ イースタンオアシス Café イースタンオアシス

○○年 ○月以後の青色事業専従者給与の支給に関しては次のとおり

● 定　　め　　た
○ 変更することとした

のので届けます。

- 初めて届け出る場合は、「定めた」に✓を入れる。

1　青色事業専従者給与（裏面の書き方をお読みください。）

専従者の氏名	続柄	年齢 経験 年数	仕事の内容・従事の程度	資格等	給料		賞与		昇給
					支給期	金額（月額）	支給期	支給の基準（金額）	
西山 東子	妻	35歳 1年	調理・接客 1日6時間、週6日	特になし	毎月25日	200,000円	6月 12月	1か月 1か月	業務内容に応じて判断する
2									
3									

- 専従者がほかに職業や就学をしている場合には、その社名・肩書きや学校・学部名などを記入する。
- 青色事業専従者の氏名、続柄、仕事の内容、資格等、労働時間、給与額などを記す。

2　その他参考事項（他の職業の併有等）　　3　変更理由（変更届出書を提出する場合、その理由を具体的に記載します。）

- 届け出た内容を変更する場合のみ、その変更理由を記入する。

4　使用人の給与（この欄は、この届出（変更）書の提出日の現況で記載します。）

使用人の氏名	性別	年齢 経験 年数	仕事の内容・従事の程度	資格等	給料		賞与		昇給の基準
					支給期	金額（月額）	支給期	支給の基準（金額）	
1 東野 健太	男	21歳 0年	接客 1日6時間、週5回		毎月25日	150,000円			業務内容に応じて判断する
2									
3									
4									

※ 別に給与規程を定めているときは、その写しを添付してください。

関与税理士 （TEL　－　）	税務署整理欄	整理番号	関係部門連絡	A	B	C
		0				
		通信日付印の年月日　確認 　　年　月　日				

- 関与税理士・顧問税理士が決まっていて、この届出書を税理士が作成した場合に、税理士の氏名・連絡先を記入する。
- 青色事業専従者ではない使用人（従業員）がいる場合は、その氏名、性別、仕事の内容、資格、労働時間、給与額などを記す。

ケーススタディ3
イマイチな立地で開業したけど…
[よい立地の不動産を見つけるポイント]

（漫画部分）

- 夢に描いたコーヒー店 — Dさん
- でも味には絶対の自信があるから大丈夫！（なはず）
- 実はなかなか条件が合わず開業場所は妥協してオープン
- う～ん…
- こちらの物件です
- 人通り少ないけど仕方ないか～
- でも…客足が伸びない…
- ガラ～ン
- …だよね？
- まだまだこれから！

原因
立地、競合、賃料……よい場所が見つからない

いざ店舗を借りようと探し回ってみても、気に入った店舗がなかなか見つからないことがあります。

Dさんも最後は妥協して、人通りの少ない場所で開業しましたが、結果はふるわないようです。

Dさんの決断を後押ししたのは商品に対する自信ですが、**どんなによい商品もお客さんの目に入る場所になければ買ってもらえません**。Dさんの失敗の原因はそれを考えず、妥協して出店場所を選んでしまった点にあります。

飲食店は、**出店場所が事業の成否を左右する**といっても過言ではありません。そのため、開業場所はターゲット層や人通りの多さを事前にリサーチして、できるかぎり妥協せずに選びたいところです。

不動産会社と上手に付き合うポイント

第3章 事業スタートの準備

1 自分の要望をできるだけ詳細に伝える。
「駅前の○○ビルが空いたら教えて」などと具体的に伝えることで、不動産会社も情報提供しやすくなる。

2 現地の不動産事情について調べておく
「よく勉強している」と思わせることで不動産会社の熱意が変わり、有益な情報を積極的に提供してくれることがある。

3 複数の不動産会社に依頼する
より多くの情報が入ってくるようになる。信頼できる不動産会社を見つけるためにも1社にこだわらないほうがよい。

4 必要があれば担当者を変えてもらう
やる気のない担当者や性格的に合わない人もいる。仕事と割り切って、変えてもらうのをためらわないこと。

5 こまめに連絡をとる
やりとりが多ければ多いほど、熱意が伝わって不動産会社も気にかけてくれるようになる。

対策　地域の不動産会社と親しくなって情報を得る

地域の物件情報は長年、その地域で活動してきた不動産会社に入っていきます。ですから、そのような不動産会社と親しくなると、よい物件を見つけやすくなります。「駅前ビルのテナントが空きそうだが、どうだい？」などと有益な情報をいち早く伝えてくれるかもしれません。

何か月経っても空いたままの物件であれば、金額の交渉をしてみてもよいでしょう。オーナー側も空室で遊ばせているよりはいいと、家賃を下げてもらえるかもしれません。傷みや汚れのある物件なら修繕費を持つ代わりに、家賃を下げてもらうのも手です。家賃が下がれば、その後の経営が楽になりますから、どちらが安いかを計算した上で、交渉してみましょう。

成功のヒント 3

商工会を活用して経営のアドバイスをもらおう

個人事業をスタートしたら、商工会を積極的に活用するといいでしょう。商工会は町や村を中心に設立されており、全国で約85万の事業者たちが加入しています。

商工会は会員である事業者の事業の発展などを目的として、さまざまな活動を行っています。

その中で、個人事業者にとってとくにメリットがあるのは、**事業者支援サービス**です。**多くのサービスは無料で商工会の経営指導員などが経営や資金繰り、雇用、社会保険などについて相談に乗ってくれたり、アドバイスしてくれたり**します。

商工会の窓口や電話で相談に応じてくれますし、事業者の事務所を訪ねるなど、直接訪問も行っています。

また、事業者のビジネスチャンスが広がるようにと、**インターネットで地域情報を発信する**などの支援活動も行っています。

商工会への加入は、商工会の設立されている各自治体で6か月以上、事務所・店舗・工場などを置いて事業を行っていれば、誰でも加入できます。**会費は1か月あたり、おおむね1000～2000円程度**です。

なお、商工会に似た組織として商工会議所があります。商工会と同じように中小企業や個人事業者の支援を行っていますが、市に置かれていることや国際的な活動にも力を入れていることなどが違います。

第4章

事業を上手に運営するノウハウ

安定経営には、事務作業のルール化やお客さんの
継続的な獲得が欠かせません。
そこで会計書類の作成と保管方法や、
お客さんを増やすための宣伝方法などを学びましょう。
また、従業員を雇うにはいくつかの手続きがあるので、
そのポイントを押さえておきましょう。

もう腹立つ！

吉村さんからお客さんを紹介してもらってようやく仕事が増えてきたんです

いらだっていますね

よかったじゃないですか

ええ…それ自体はすごーくありがたいんですけど

仕事が終わって請求を立てようとしたら事前に聞いていた金額と**全然違う**んですよ!!

…**見積書**はつくらなかったんですか？

…ミツモリショ？

吉村さんに言われませんでした？

仕事を請ける前には必ず見積書をつくれよ

は…い

忘れてた…

まったく…

✓ Check! おもな会計書類の種類

取引の証拠となる書類のこと。証憑書類（→P126）ともいう。

会計書類の作成や管理はきちんとしないと

▶ **見積書**
取引成立前に依頼された商品・サービスの詳細、単価、数量、合計金額などを記したもの。

▶ **請求書**
納品した商品・サービスの代金の支払いを依頼するもの。

▶ **領収書**
取引相手が代金を支払ったことを証明するもの。

▶ **納品書**
商品・サービスを納める際に、それらの内容や金額の内訳を記したもの。

実務上では

❶ 2部つくる
いざというときに備えて必ず2部つくる。1部を取引先に渡し、もう1部を手元で保管する。

❷ 保管する
一定期間保存することが法律で義務づけられている。

この2点を押さえておかないと

料金や仕事内容について「こういう約束だった」「いや違う」といったトラブルを防ぐために欠かせないんですよ

うぅ……これからは必ず見積書をつくるようにします…

あっ そういえば松山さん オープンは1週間後でしたっけ？

ええ

楽しみですね オープン日に吉村さんと行きますから！

オープン前に来ないでくださいね

神田さんせっかくだから…

しませんよっ

1週間後

いらっしゃいませ〜

Trattoria Matsu

ワイワイワイ
松山さ～ん
おめでとう
がんばれよ！
いつもお世話になってます
んー～っ
おいしかった!!
なんだか含みのある言い方ですね？
…まあ少し様子を見てみようか
…うん
料理や内装は合格点かな
私は繁盛すると思うけどな～…

吉村さん…?

いや… それじゃ また…

?

2週間後

ガラン…

なんだか お客さん 少ないですね

実は… かなり苦戦 しているんです…

2週間前は満席だったし こんなに おいしいんだから リピーターも 多そうなのになあ

もぐもぐ

実は…来てくれてたのは知り合いばかりで初めてのお客さんはあまり多くないんです

つまり新規顧客を獲得できていないわけだ

はい

モンプラ時代はとくに集客に苦労したことはなくて…

全国チェーン店だとブランド力があるし広告宣伝も本部がやってくれる

でも個人事業の場合誰にも知られていない状態から自分でお客さんをお店に引き込まなくてはいけない

なに屋さんかな？
今日はモン・プラにしよー

顧客を増やして売上を安定させるためには…

❶ 新規顧客を獲得しながら

❷ 固定客を増やしていく

ことが大事だ

わぁ
かわいいお店
入ってみよう
新しいお客さん

ランチはいつもここ！
常連さん

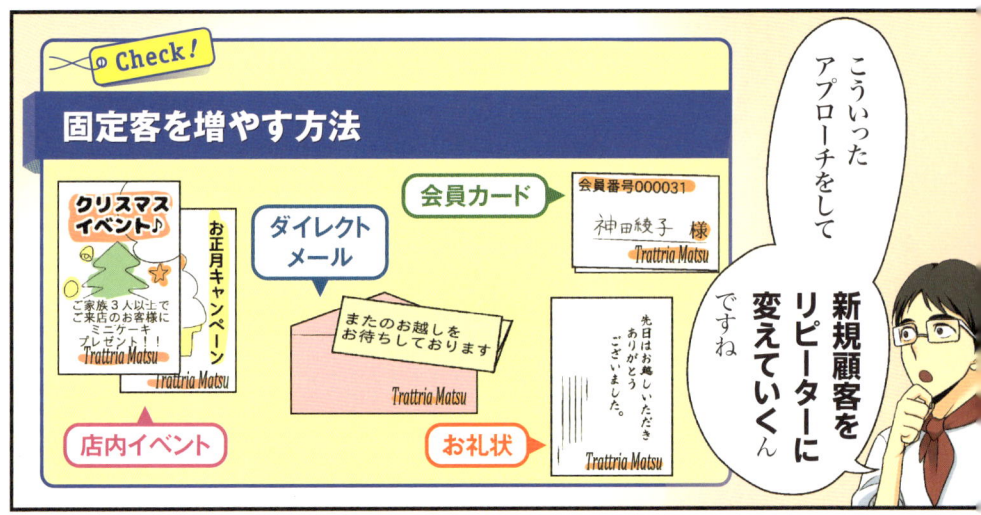

Check! 新規顧客を獲得する方法

- **チラシでアピール**
  - 新聞の折込チラシ
  - ポスティング
- **近所の広告でのアピール**
  - 電柱広告
  - バス広告
- **ネットを活用したアピール**
  - HP、SNSなど

ポスティングなんかは自分でもできるけど ほかは専門の広告会社に頼むことが多いな

Check! 固定客を増やす方法

- **店内イベント**（クリスマスイベント♪／お正月キャンペーン）
- **ダイレクトメール**（またのお越しをお待ちしております）
- **会員カード**（会員番号000031 神田綾子様）
- **お礼状**（先日はお越しいただきありがとうございました。）

こういったアプローチをして新規顧客をリピーターに変えていくんですね

やるべきことはまだまだたくさんあったな

ホームページか…

でも今は資金的に…

ん…それなら

じゃあ私がつくってあげますよ！

甘くはないですよね？

1年間 月1回ディナーをタダにしてくれる
ってのはどう？
そ それだけでいいんですか？
うん！
松山さんの料理ホントにおいしいから
ポイントカード
ありがとうございました
1か月後
うまくいってるみたいだな
見てのとおりです
ワイ
ワイ

✂ Check!

さまざまな事業拡大の選択肢

❶ 従業員の雇用・増員

- メリット　労働力が増えて、生産性や業務効率を高めることができる。
- デメリット　給与や社会保険料のコストが上がる。給与計算などの事務仕事が増える。

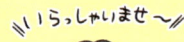

❷ 新店舗の出店

- メリット　うまくいけば売上を倍増させられる。
- デメリット　新店舗が不振におちいると、既存店の経営までも圧迫することがある。

❸ 法人化

- メリット　社会的信用が高まり、融資や人材採用などの面で有利になる。
- デメリット　設立手続きが必要。事務処理や会計上の手間やコストが増える。

この調子が続けば**事業拡大**も視野に入ってくるな

メリットとデメリットを踏まえて計画的に考えることが大事だ

なるほど…

うん、うまい！

将来的には法人化したいですが まずは**従業員を増やしたい**ですね

それなら**雇用の流れ**も押さえておけよ

Check!
人材の雇用の流れ

❶ 就業規則の制定

任意　　　　　義務

職場のルールを定めたもの。常時10人以上の労働者を使用する場合、労働基準監督署への届出が必要。

❷ 募集・面接・採用

募集は求人誌や求人サイトへの広告出稿、ハローワーク、知人の紹介などで行う。

❸ 雇用契約の締結

時給は900円で休日は…

労働者と雇用契約を結ぶ。その際、労働条件の通知が必要（➡ P145）。

❹ 社会保険に関わる届出を行う

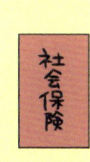

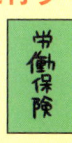

事業所として、労働保険（雇用保険・労災保険）と社会保険（健康保険・厚生年金）への加入が必要になる（➡ P142）。

どうしたんですか？

いや何でもない

また来る

…？

会計書類の作成と保管

ビジネスに欠かせない書類を覚えておこう！

▶ 基本知識 ◀
実践
▶ 記入見本 ◀

Run it better!

日々の業務の中で必要な会計書類を覚えよう

日々の取引の中で会計に関わるものは、取引相手に対して、必要に応じて会計書類（証憑書類）を渡さなければなりません。

会計書類のおもなものとしては、①見積書、②納品書、③請求書、④領収書があります。

① 見積書……取引先から依頼された商品・サービスについて、取引成立前にその詳細、単価、数量、合計金額などを示すもの。

② 納品書……依頼された商品・サービスを納品する際に、納める商品の内容や金額の内訳を記したもの。

会計書類を上手に整理・保管しよう

❶ 整理・保管はこまめに行う

溜まるほど整理が大変になるので、整理日・時間を決めるなどして、こまめに整理・保管するクセをつけよう。

❷ 1年ごとにファイルする

保存期間を間違いなく守れるように、書類ごとにファイルを設け、1年ごとにボックスをつくってまとめておくといい。

❸ スクラップブックなどを活用する

受け取った請求書や領収書はサイズがまちまちなので、管理しやすいようにスクラップブックなどでまとめるといい。

❹ 郵便や宅配便の送り状もいっしょに整理しておく

請求書などを簡易書留などで送った場合には、提出した伝票もあわせて保管。「送った」「送らない」というトラブルが起きたときに役に立つ。

証憑書類：どのような取引が行われたのかを証明する文書のこと。見積書、納品書、請求書、領収書、契約書、送り状、注文書、受領書などがある。

おもな書類の保存期間

事業に必要な書類や帳簿は、下のように法律で一定期間保管することが義務づけられている。

5年間

- 請求書
- 契約書
- 見積書
- 納品書
- 注文書
- 仕入伝票
- 出荷依頼票
- 借用証書

7年間

- 決算書（損益計算書、貸借対照表）
- 帳簿類（現金出納帳、預金出納帳、売掛帳、買掛帳、経費帳など）
- 固定資産台帳
- 領収書

しっかりと保管していないと脱税を疑われることもある

③ 請求書……納品先に代金の支払いを依頼するもの。

④ 領収書……取引相手が代金を支払ったことを証明するもの。

①〜④の書類は、取引の内容を証明するものです。取引先から問い合わせがあったときやトラブルがあった場合に備えて、**必ず2部作成し、1部を取引先に渡し、もう1部を手元で保管する**ようにしましょう。

会計書類は、一定期間保存することが法律で義務づけられています。税務署は確定申告の内容に不明点があるときなどに、納税者に対して<mark>税務調査</mark>を行います。

そのとき、納税者が提示を求められた会計書類を保管していなければ、最悪の場合、脱税を疑われることにもなりかねません。

そのためにも、会計書類の保管をおろそかにしてはいけません。

これらの会計書類は、税務においても非常に重要です。

まず、確定申告時に申告書を作成するために必要となります。また、税務署から提示を求められることもあります。

税務調査：国税局や税務署が納税の申告内容が正しいかなどを確認することを目的に行う調査。事前通知が行われた上で実施される任意調査と、犯罪調査の1つとして行われる強制調査がある。

見積書のつくり方

▶ 見積書とは

依頼された商品・サービスについて、取引成立前にその詳細、単価、数量、合計金額などを示したもの。

作成のポイント
- 仕事を受ける前につくる。
- 金額等に誤りがないように入念にチェックしてから提出する。
- 同じ案件で何回も作成されることがあるので管理に気をつける。

御見積書

発行年月日と発行番号を記入。
○○年○月○日

発行番号は自分の管理用に発行順につける。
No.0001

取引先の社名や担当者名、住所や電話番号などを記入。

株式会社A食品
広報部 鈴木一郎様
住所：東京都渋谷区神宮前○○丁目○番地
電話・FAX：03-xxxx-xxxx ・03-xxxx-xxxx
E-mail：○○○@xxxx.co.jp

自分の氏名と連絡先を記入。屋号（商号）がある場合、入れてもよい。適格請求書発行事業者（→P.40）の場合、自分の登録番号を明記する。

住所：東京都渋谷区代々木○丁目○番地○○号
氏名：山田太一
電話・FAX：03-xxxx-xxxx
E-mail：○○○@xxxx.ne.jp
登録番号：Txxxxxxxxxxxxx

［角印］

消費税を取る場合は、ひと目で相手の支払総額がわかるように税込表示にすること。

下記の通り、御見積申し上げます。

| 合計金額（税込） | ￥385,000 |

業種によっては、納期や見積期限などを記載する必要はない。

| 納期：受注後、3か月以内 | お支払い条件：銀行振込 |
| 納品方法：DVD送付 | 御見積期限：○○年○月○日 |

＜件名＞ホームページ制作料

案件名を記入。

項目	数量	単位	単価	金額
企画料	1	式	￥50,000	￥50,000
ウェブサイト基本制作料	1	式	￥100,000	￥100,000
トップページデザイン料	1	式	￥50,000	￥50,000
トップページ制作料	1	式	￥30,000	￥30,000
各ページデザイン料	5	頁	￥20,000	￥100,000
画像処理料	10	枚	￥2,000	￥20,000
			小計	￥350,000
			消費税（10%）	￥35,000
			合計	￥385,000

単価で計算するものはそれぞれの数量と単位を記入し、まとめて計算するものは数量と単位で「一式」とする。

販売する商品・サービスごとに内容、数量、単価、金額を記入。

消費税の税額も明記する。

納品書のつくり方

▶ 納品書とは

依頼された商品・サービスを納品する際に、納める商品の内容や金額の内訳を記したもの。

作成のポイント

- 商品などを納めるときにつくる。
- 納品の証明になるので、渡したものと同じ書類を手元に保管しておく。
- 納品した商品の内容・個数と納品書に誤りがないか、よく確認する。

納品書

発行年月日と発行番号を記入。 → ○○年○月○日

同じ案件については、見積書と同じ発行番号にする。 → No.0001

取引先の社名や担当者名、住所や電話番号などを記入。

株式会社A食品
広報部 鈴木一郎様
住所：東京都渋谷区神宮前○○丁目○番地
電話・FAX：03-xxxx-xxxx・03-xxxx-xxxx
E-mail：○○○@xxxx.co.jp

自分の氏名と連絡先を記入する。屋号（商号）がある場合、入れてもよい。適格請求書発行事業者（→P.40）の場合、自分の登録番号を明記する。

住所：東京都渋谷区代々木○丁目○番地○○号
氏名：山田太一
電話・FAX：03-xxxx-xxxx
E-mail：○○○@xxxx.ne.jp
登録番号：Txxxxxxxxxxxx

[角印]

下記の通り、納品致します。

交渉などを経て、確定した額面であることを確認する。

合計金額（税込）	￥346,500

案件名を記入。

＜件名＞ホームページ制作料

項目	数量	単位	単価	金額
企画料	1	式	￥50,000	￥50,000
ウェブサイト基本制作料	1	式	￥80,000	￥80,000
トップページデザイン料	1	式	￥50,000	￥50,000
トップページ制作料	1	式	￥30,000	￥30,000
各ページデザイン料	5	頁	￥15,000	￥75,000
画像処理料	15	枚	￥2,000	￥30,000
			小計	￥315,000
			消費税（10%）	￥31,500
			合計	￥346,500

見積書の作成時と金額や数量が変わっている場合は、実際に納品した内容にする。

納品する商品・サービスごとに内容、数量、単価、金額を記入する。納品内容に誤りがないか確認する。

請求書のつくり方

▶ 請求書とは

納品した商品・サービスについて、その代金の支払いを依頼するもの。現金商売でない場合は必ずつくる。

作成のポイント
- 納品後、**取引先の締日前まで**につくる。
- **請求額が正しいか**、しっかりとチェックしてから提出する。
- 取引先は請求書を受け取ることで、支払い手続きを行うので**提出し忘れないように**気をつける。

御請求書

- 取引先の社名や担当者名、住所や電話番号などを記入。
- 発行年月日と発行番号を記入する。
- 同じ案件については、見積書・納品書と同じ発行番号にする。

○○年○月○日　　No.0001

株式会社A食品
広報部　鈴木一郎様
住所：東京都渋谷区神宮前○○丁目○番地
電話・FAX：03-xxxx-xxxx・03-xxxx-xxxx
E-mail：○○○@xxxx.co.jp

- 自分の氏名と連絡先を記入。屋号（商号）がある場合、入れてもよい。適格請求書発行事業者（→P.40）の場合、自分の登録番号を明記する。

住所：東京都渋谷区代々木○丁目○番地○○号
氏名：山田太一
電話・FAX：03-xxxx-xxxx
E-mail：○○○@xxxx.ne.jp
登録番号：Txxxxxxxxxxxx

[角印]

下記の通り、御請求申し上げます。

- ひと目で相手の支払総額がわかるように税込にすること。

合計金額（税込）	￥346,500

- 案件名を記入。

＜件名＞ホームページ制作料

項目	数量	単位	単価	金額
企画料	1	式	￥50,000	￥50,000
ウェブサイト基本制作料	1	式	￥80,000	￥80,000
トップページデザイン料	1	式	￥50,000	￥50,000
トップページ制作料	1	式	￥30,000	￥30,000
各ページデザイン料	5	頁	￥15,000	￥75,000
画像処理料	15	枚	￥20,00	￥30,000
			小計	￥315,000
			消費税（10%）	￥31,500
			合計	￥346,500

- 納品した商品・サービスごとに内容、数量、単価、金額を記入する。納品書の内容と同じかどうか確認する。
- 振込先と振込期限を明記。振込手数料を負担してもらう旨も明記。

振込先：東京ABC銀行　代々木支店　普通預金　xxxxxxx　山田太一
振込期限：○○年○月末日
※恐れ入りますが、お振込手数料は貴社でご負担頂けますようお願い申し上げます。

領収書のつくり方

▶ 領収書とは

納めた商品・サービスに対して、取引相手が代金を支払ったことを証明するもの。小売業や飲食業などの場合は、レシートでも代用できる。

作成のポイント

- 代金を受け取ったときにつくる。
- 消費者や取引先が発行を求めた場合、**必ず作成し、渡さなければならない。**
- 銀行振込で支払いを受ける場合は、**振込票が領収書の代わりになる。**

- 取引先の社名や個人名を記入する。
- 領収金額が5万円以上の場合は、金額に応じて収入印紙（→下「プラスの知識」）を貼り、消印を押す。
- 自分の管理用に発行番号を記入する。

領収書

No.0001

株式会社 西東商事 御中

¥ 8,525−

収入印紙

但　お食事代として

○○年○月○日　上記の金額、正に領収いたしました。

内訳
税率10％
税抜金額 7,750円
消費税額 775円

Bistro Seito
住所：東京都渋谷区上原○丁目○番地○○号
電話・FAX：03-xxxx-xxxx・03-xxxx-xxxx
登録番号：Txxxxxxxxxxxxx

角印

- 受領した金額を記入する。
- 但書は内容がわかるように具体的に記載する。
- 代金の支払いを受領した年月日を入れる。西暦、元号どちらでもOK。
- こちらの氏名・店舗名、住所、連絡先を明記する。

プラスの知識　収入印紙ってなに？

　一定の文書を作成した場合、印紙税法に基づいて「印紙税」という税金が課されます。印紙税は収入印紙を購入する形で支払います。印紙税の課される文書には領収書や契約書などがあり、購入した収入印紙の貼付が必要となります。

　また、貼付した収入印紙には、またがるような形で印鑑を押さなければなりません。これを消印といい、収入印紙の再使用を防止することが目的です。

きちんと理解してトラブルをなくそう！

契約書の見方とポイント

▶ 基本知識 ◀
実　践
記入見本

Run it better!

なぜ取引において契約書が重要なのか

契約書とは、契約を結んだときに作成する文書です。事業を進める中では、商品の仕入れや業務の請け負い、事務所の賃貸など、取引相手と約束を交わすときに用いられます。

もっとも、契約書は取引上、必須のものというわけではありません。日本では一部の例外を除き、原則的に契約する当事者間の合意があれば、契約は成立します。

それでもビジネスにおいて、契約書の存在はとても重要です。まず、契約内容を文書化しておけば、たとえば「こういう約束だった」というようなトラブルが起きたときに有力な証拠となります。

また、単なる口約束だけでは、相手は契約を軽く考えて守ってくれないかもしれません。しかし、契約書という目に見える形にすれば、「契約を守ろう」という気持ちを強く持たせることが期待できます。

契約書に記載すべき事項を把握しよう

契約書には、決まった書き方があるわけではありません。しかし、最低限、どのような権利が誰にあるのか、あるいは誰がどのような義務を負うのかを条文上で明確にしておく必要があります。

より細かくいえば、①誰が（主体）、②誰に対し（客体）、③いつ（日付）、④何をどうするのか（内容）を明らかにするのです。

また、契約書は証拠としての役割を果たすので、契約書の作成日や有効期限などの日付も記載しておかなければなりません。

個人事業の場合、契約書は取引相手が作成したものを受け取るケースが多いでしょう。そのため、契約書を受け取ったときにはこれらの事項が漏れ落ちていないか、自分にとって不当に不利な形になっていないかなど、しっかりとチェックするようにしましょう。

請け負い：注文者から依頼を受けた側が一定の仕事を完成させることを引き受けること。注文者は、完成させた仕事に対して報酬を支払う。

132

契約書の見方を覚えておこう

契約書はトラブルが起きたときの有力な証拠となるので、不利な条件で契約を交わさないように見るときのチェックポイントを押さえておこう。なお、下の条文例において、甲は取引相手、乙は自分を意味する。

✓チェックポイント❶ 納品期限に注意する

商品などの納品期日は、もし守れなければ、損害賠償を請求される可能性がある。そのため、**確実に納品できる日**になっているかを確認する。

条文例 第○条▶ 売買物件の引渡し期日は、○○年○○月○○日限り、引き渡し場所は乙の本店営業所とする。

✓チェックポイント❷ 契約を解除される場合の条件を確認する

契約解除の条件が定められているケースがある。たとえば、下のような条文が入っている場合、**契約書に定められた義務を守らないときには、契約を解除されても文句を言えない。** 解除条件がきびしいときは、契約内容（どのような義務を定めるのか）について取引相手と相談してみよう。

条文例 第○条▶ 甲は、乙が本契約に定める義務を履行（りこう）しないときは、何らの催告（さいこく）を要することなくただちに本契約を解除することができる。

✓チェックポイント❸ 代金支払いの遅延損害金を確認する

代金の支払いが遅れた場合の遅延損害金について定めるケースがある。**遅延損害金の金額を意味する「○○%」の割合が、お****たがいの合意どおりになっているか**をチェックしよう。

条文例 第○条▶ 支払が遅延した場合、乙は、甲に年○○%の割合の遅延損害金を支払う。

✓チェックポイント❹ 裁判になったときの定めを確認する

契約をめぐってトラブルが起こったときに、どの裁判所で訴訟を行うのかを定めるケースがある。もし下の条文例のように、相手の本店所在地の裁判所となっている場合は注意が必要だ。もし**裁判所が遠い場所にある場合、裁判のために時間と費用を浪費する**ことになる。中間距離の裁判所にできないかなど、交渉してみよう。

条文例 第○条▶ 本契約より生じる権利義務に関する争いを解決するための第一審管轄裁判所は、甲の本店所在地を管轄する地方裁判所とする。

客体：ここでは、契約による義務を果たす相手のこと。一般的には、主体の意志や認識、行動の対象となるものをいう。反対語は主体。

基本知識
▶ 実践 ◀
記入見本

お客さんに自分の事業を知ってもらおう！
お客さんを増やすための手段

新規顧客を獲得しつつ少しでも多く固定客をつくる

事業経営を安定させるためには、お客さんを増やされなければなりません。それには、おもに2つのアプローチが考えられます。

1つめは**新規顧客を獲得すること**、2つめは獲得した**顧客を失わないこと、つまり固定客をつくっていくこと**です。

認知拡大や集客アップのためには、広告宣伝を行う必要があります。個人事業に適した広告方法としては、

① **チラシを使った宣伝**（新聞の折込チラシ、ポスティングなど）、② **近隣に広告を出すことによる宣伝**（電柱広告、バス広告など）、③ **ネットを活用した宣伝**（ホームページ、ブログ、SNSなど）などがあります。

どうすればターゲットに自分の存在を知ってもらえるか、最も効果的と思える方法を選びましょう。

一方、固定客をつくるためには、一度来てもらったお客さんに何度も足を運んでもらうための工夫が必要になります。

「また利用したい」と思わせるような商品・サービスを提供することはもちろん、それに加えて、① **お礼状**、② **ダイレクトメール**、③ **会員カード**、④ **店内イベント**、⑤ **店舗ホームページ**などのツールを積極的に利用するといいでしょう。

プラスの知識
無料でできて効果が高い
パブリシティの活用も考える

パブリシティとは、有料広告ではなく、あくまでも記事として雑誌や新聞、テレビ、ネットなどのメディアに掲載されることです。オススメ情報記事として目に触れる分、一般的な広告に比べて、消費者はより強い関心を持つようになります。パブリシティで取り上げてもらうためには、たとえばユニークな店内イベントを企画する、効果的なプレスリリースを送付するなどの方法が考えられます。

ポスティング：チラシなどを個人宅の郵便受けに投函すること。その地域で営業する飲食店や理美容店などで有効とされている。チラシの配布を請け負う専門業者もある。

新規顧客を獲得するための方法

個人事業の場合、無制限に幅広い人に知ってもらう必要はない。たとえば店舗周辺に住む地域住民など、自分のターゲットにピンポイントで届く方法を選ぼう。

❶ チラシを使ったアピール

新店舗や新商品、キャンペーンなどのお知らせを載せたチラシを消費者に届ける。

メリット
- 好きなときに出稿できる。
- 消費者にダイレクトにアピールできる。

デメリット
- 見ずに捨てられる可能性がある。
- 嫌がる消費者には逆効果になることもある。

新聞の折込チラシ
ポスティング

❷ 近所の広告でのアピール

店名や店へのアクセス、看板商品などを載せた広告を店舗の周辺に出す。

メリット
- 店舗周辺の地域住民にアピールできる。
- 1年から数十年の長期で掲出することもできる。

デメリット
- 地味なデザインだとほかの広告に埋没してしまう。
- 地域住民など特定のエリアの人にしか効果がない。

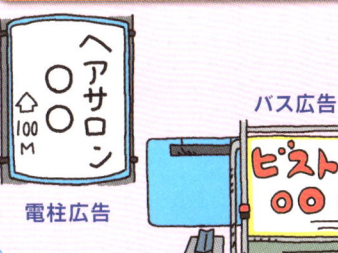

電柱広告
バス広告

❸ ネットを活用したアピール

ネットを活かして店の雰囲気や看板商品、キャンペーン情報などを発信する。

メリット
- 紙の広告に比べて多くの情報を載せられる。
- リアルタイムで小刻みに情報発信ができる。

デメリット
- デザインや情報量にこだわると制作費が高くなる。
- 知らない人の目に止まるようにするには時間やコストがかかる。

ホームページ 
ブログ

プレスリリース：企業などが自社情報の中で、世間に知らせたいものを報道機関に提示すること。報道機関がニュースや記事にするかはわからないが、プレスリリースは公式の情報として捉えられる。

固定顧客をつくるための方法

固定客が増えるほど、経営は安定していく。「また利用したい」と思ってもらえるように、さまざまなアプローチを考えてみよう。

❶ お礼状
初めて来たお客さんにお礼状を送る。特別な存在であると伝えることで、**再来店をうながす。**

❷ ダイレクトメール（DM）
メールや郵送で広告物を配布する。足が遠のいているお客さんに、**店の存在を思い起こさせる**ことができる。

❸ 会員カード
会員カードを発行。購入金額や利用回数に応じて割引などの特典を与えることで、**顧客を囲いやすくなる。**

❹ 店内イベント
クリスマスや誕生日など、お客さんの関心を引くイベントを行う。活気ある雰囲気を演出して、**顧客の来店意欲を刺激**する。

❺ 店舗のSNS
SNSで新商品やキャンペーンの情報、ユーザーのレビューなどを発信する。頻繁に更新することで、**消費者の関心をつかみやすくなる。**

SNS：ソーシャル・ネットワーキング・サービス（Social Networking Service）の略。ネットワーク上の空間で、自分の情報提示や他人との交流を行うことができ、あらたな宣伝手法としても定着してきている。

景品表示法のルールを理解しよう

広告宣伝は、法律で定められたルールにしたがって行わなければならない。とくに景品表示法が重要で、違反すればきびしい罰則を科されることもある。

> **法 「景品表示法」**
> 不当な内容の広告等によって、一般消費者が不利益を受けることを防止するために「優良誤認表示」と「有利誤認表示」を禁じている。

「景品表示法」が禁止していること

❶ 優良誤認表示

A 商品・サービスについて、**実際のものよりもすごく優れている**と、一般消費者にかんちがいさせる表示。

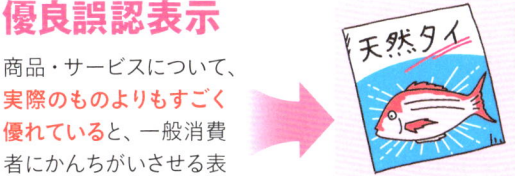

例：養殖のタイを使用しているのに、販売チラシには「天然のタイを使っています!」と表記している。

B 実際はちがうのに、商品やサービスが**競合他社のものよりもすごく優れている**と一般消費者にかんちがいさせる表示。

例：「このサービスは世界でも当店だけ!」と表示していたが、実際には他店でも同じようなサービスが行われている。

❷ 有利誤認表示

A 商品・サービスの価格などについて、**実際のものよりもすごく有利**だと一般消費者にかんちがいさせる表示。

例：広告で「今だけ半額1,000円!」と表示されていたが、実際には常に1,000円で売っている。

B 商品・サービスの価格などについて、**競合他社のものよりもすごく有利**だと一般消費者にかんちがいさせる表示。

例：「全商品、町内で最安値!」と表示されていたが、実際には他店の価格調査を行っておらず、まったく根拠がない。

罰則：景品表示法による罰則としては、表示や広告の取りやめ、訂正公告の出稿などがあり、それにしたがわない場合は2年以下の懲役または300万円以下の罰金などが科せられる。

事業規模が大きくなったときの選択肢

スタッフを雇う？ 2号店の出店？ 法人化？ 選択肢はいろいろ！

▶ **基本知識** ◀
実　践
記入見本

おもに3つの選択肢が考えられる

事業が軌道に乗り、利益が増えてきたら、次の展開を考えてみましょう。具体的には①従業員を増やす、②新規出店する、③法人化するという3つの選択肢が考えられます。

まず、①従業員を増やすについてです。事業規模が大きくなれば、自分ひとりで業務をこなしていた人も、従業員を雇いたくなるでしょう。**従業員を増やせば、労働力が増えてより業績を高められるかもしれません**。しかし、給与や社会保険料などのコストが毎月必要になります。

次に、②新規出店についてです。

2号店も軌道に乗れば、売上の倍増が期待できます。ただし、家賃や内外装工事費、広告宣伝費など、1号店の開業時と同じかそれ以上の準備資金がかかります。それに信頼できる店長を確保するために将来を見据えて既存スタッフの中から育成していくか、優秀な人材をヘッドハンティングする必要があります。

最後の③**法人化**とは、株式会社などを設立することです。**個人事業のときに比べて社会的信用度が高くなる**ため、取引先を広げやすくなる、銀行から融資を得やすくなるなどのメリットがあります。ただし、会計上の手間やコストが増えることなどのデメリットがあります。

プラスの知識

法人化の選択肢は株式、合同、合名、合資の4つ！

法人には①株式会社、②合同会社、③合名会社、④合資会社の4つがあります。①〜④のもっとも大きなちがいは、会社が負債を負ったときに出資者がどこまで責任を負うのかです。①②は出資額の範囲まで、③は無限に、④は無限に負う人とそうでない人がいます。どの形態にするのかで迷ったら、あとで変更もできるので、もっとも一般的な株式会社を選択するといいでしょう。

合同会社：出資額の範囲内のみで責任を負う社員（出資者）だけで構成される法人。株式会社よりも安い費用で設立できるなどのメリットがあり、設立ケースが増えている。

3つの選択肢のメリットとデメリット

第4章 事業を上手に運営するノウハウ

① 従業員を増やす

メリット
- マンパワーが増えて、**業務をより効率よく進められる**。
- 従業員の能力や特徴によっては、**自分だけでは実現できない仕事が可能**になり得る。
- 単純作業を任せることで、**経営や事業戦略を考えることに専念**できる。

効率アップ！

デメリット
- 人件費や社会保険の**費用などが増える**。
- 従業員を**管理する手間や労力**が増える。
- 成果の上がらない従業員を雇ってしまっても、**簡単には解雇できない**。

負担が増える！

② 新規出店

メリット
- 新規店舗が軌道に乗れば、**売上の倍増**が期待できる。
- 事業が順調に成長しているイメージができ、**社会的信用度が高まる**。
- 消費者の目に触れる機会が増え、**認知度が高まりやすくなる**。

売上倍増！

デメリット
- 1号店の開業時と同じかそれ以上の**準備資金がかかる**。
- テナント料や水道光熱費、賃金などの**運転資金が増加する**。
- 2号店が不振になった場合、**1号店の経営まで圧迫する**可能性がある。

1号店の経営を圧迫！

③ 法人化する

メリット
- 社会的信用度が高くなるため、金融機関からの**融資を得やすくなる**、**取引先が広がりやすくなる**、**優秀な人材を得やすくなる**。
- 経費にできる範囲が広がるので、**税負担をより軽くすることもできる**。

信頼度が上がる！

デメリット
- 法人化の手続きを行うときに、**登記手数料などの費用**がかかる。
- 事務処理や会計上での**手間やコストが増える**。
- 事業で稼いだ**利益を自由に使えなくなる**。

手間が増加！

合名会社・合資会社：合名会社は無限責任の社員だけで、合資会社は無限責任と有限責任の社員で構成される法人のこと。株式会社や合同会社にくらべてメリットがあまりないため、現在、新規設立するケースは少ない。

> Run it better!
> ▶ **基本知識** ◀
> 実　践
> 記入見本

従業員を雇うときのポイント

労働力アップが期待できるが、コストや手間もかかる

従業員を雇うとコストや手間も増える

従業員を雇うと決めたときは、「労働力のアップ」というプラス面だけでなく、「給与支払いや社会保険料などのコスト」というマイナス面も考えることが大切です。

しかも一度雇えば、従業員は労働法で保護されているため、簡単にやめさせることはできなくなります。従業員の雇用には、そのような注意もあることを考慮して慎重に決める必要があります。

おもな雇用形態として、**正社員、契約社員、派遣社員、パート、アルバイト**などがあります。正社員とそのほか4つの大きな違いは、契約期間の有無です。

正社員は契約期間がなく、基本的には就業規則で定めた定年まで雇い続けなければなりません。

一方、契約社員、パート、アルバイトなどは契約期間を設けることがあり、契約期間が終了したら雇用を更新しないことができます。

もっとも、契約社員、パート、アルバイトなどの保護を目的とした<u>パートタイム労働法</u>の改正などにより、雇止め（契約を更新しないこと）はかつてにくらべて強く制限されています。「アルバイトだから好きなようにやめさせられる」などという考えは禁物です。

従業員を雇うべきかどうかのチェックポイント

雇うべき ◀━━▶ **やめるべき**

- ひとりで仕事を抱え込んでおり、**激しい疲労**を感じる。
- 事業を拡大したいと思っているが、**人手が足りないことが障害**になっている。
- **青色事業専従者として雇うことのできる対象者**がいるので、税負担を軽くできる。

- 給料を支払いつづけられるだけの**資金面の余裕がない**。
- 繁忙期以外は自分ひとりで業務をこなせる状況で、**繁忙期が短い、もしくは不定期**。
- 給与計算や労務管理の手間を考えると、**かえって本業がおろそかになる**可能性がある。

パートタイム労働法：正しくは「短時間労働者の雇用管理の改善等に関する法律」という。パートタイム労働者の公正な待遇の確保などを目的としている。

従業員を雇うときに必要なこと

従業員の雇用にあたっては、さまざまなルールや必要な事務手続がある。下の4つは、いずれも法律で義務づけられていることなので、しっかり確認しておこう。

❶ 就業規則を制定する

10人以上の労働者を雇用する場合には**就業規則**を定め、労働基準監督署に届け出なければならない。

❷ 募集・採用を行う

募集・採用時のルール
- 性別による差別をしない。
- 原則として年齢を制限しない。
- 公正な採用選考を行う。

❸ 労働契約を締結する

雇用する際には、労働者に労働条件（➡P145）を提示し、労働契約を結ぶ。

❹ 従業員の雇用に関わる届出をする

従業員を雇うことになったら、下記の届出をする必要がある。
提出書類の漏れや提出期限の遅れに気をつけよう。

税務署への届出
- 給与支払事務所等の開設・移転・廃止届出書

→ 給与の支払いに関するもの！

労働基準監督署への届出
- 労働保険保険関係成立届
- 労働保険概算保険料申告書

→ 労働保険に関するもの！

公共職業安定所への届出
- 雇用保険適用事業所設置届
- 雇用保険被保険者資格取得届

→ 雇用保険に関するもの！

年金事務所への届出 ※従業員が5人未満の場合は任意！
- 健康保険・厚生年金保険新規適用届
- 健康保険・厚生年金保険被保険者資格取得届

→ 社会保険に関するもの！

就業規則：従業員の労働条件や職場の規律などについて定めたもの。賃金や就業時間など、労働基準法の基準を下回る労働条件を定めた場合、無効となる。

▶ 基本知識 ◀
実　践
記入見本

従業員に関わる保険への加入

従業員の"もしも"に備えるのも事業者の役目！

労働保険には雇用保険と労災保険の2つがある

従業員を雇うときには、労働保険と社会保険の加入を検討しなければいけません。労働保険とは①雇用保険と②労災保険のことです。社会保険とは③健康保険、④厚生年金保険のことです。

いずれも一定の要件を満たした従業員に対して、お金の給付などが行われるものです。

①**雇用保険**は、従業員が失業したときにその生活の安定、再就職の支援を目的としています。保険料は従業員と事業主の両者で分担します。

②**労災保険**は、従業員が仕事中や通勤途中など、業務が原因で事故や災害にあってケガや病気、死亡などした場合に、療養補償などの給付を行うものです。保険料は全額、事業主が負担することになっています。

社会保険には健康保険と厚生年金保険の2つがある

③**健康保険**は、従業員やその家族が仕事以外の原因でケガや病気になった場合などに、必要な医療給付などを行うものです。

④**厚生年金保険**は、従業員が一定の年齢に達したり、ケガや病気で働けなくなったり、死亡した場合に、従業員とその家族の生活を守るために年金などの給付を行うものです。

③**健康保険**、④**厚生年金保険**のどちらも社会保険料として、事業者と従業員の両方で50％ずつ負担します。

なお、個人事業者本人とその家族は被保険者になれません（国民健康保険と国民年金に加入することになります）。

①～④は、それぞれで必要な手続きが異なります。左ページの必要書類、提出期限などを見て、漏れなく手続きを行うようにしてください。

社会保険が完備されていない職場に、よい人材はなかなかやってきません。1人でも従業員を雇うことになったら、できるかぎり社会保険まで加入するようにしましょう。

療養補償：労働者が業務を行う上で負傷したり、疾病にかかったりした場合に療養のために必要な費用を補償すること。

142

労働保険の加入手続き

▶ 労働保険の加入義務　従業員を1人でも雇用すれば加入しなければならない。

労働保険（雇用保険・労災保険）

提出する書類
① 労働保険保険関係成立届
② 労働保険概算保険料申告書

添付書類
- 個人事業の開廃業等届出書の写し
- 事業者の住民票
- 事務所の賃貸借契約書の写し
- 許可認可証の写し（許認可が必要な事業のみ）

提出期限
① 従業員を雇用した日から10日以内
② 雇用した日から50日以内

提出先
労働基準監督署

提出方法
● 直接持参　● 郵送　● 電子申請

雇用保険

提出する書類
① 雇用保険適用事業所設置届
② 雇用保険被保険者資格取得届

添付書類
- 事業者の住民票　● 労働者名簿
- 労働保険保険関係成立届（控え）　● 出勤簿
- 従業員の雇用保険被保険者証
- 事務所の賃貸借契約書の写し
- 許可認可証の写し（許認可が必要な事業のみ）

提出期限
① 従業員を雇用した日から10日以内
② 雇用した月の翌月の10日まで

提出先
公共職業安定所

提出方法
● 直接持参　● 郵送　● 電子申請

社会保険の加入手続き

▶ 社会保険の加入義務

一定の業種※で、常時5人以上を雇う場合は、社会保険への加入が必要。パートやアルバイトでも、1日か1週間の労働時間と1か月の所定労働日数が常勤の人の4分の3以上あれば、加入させなければならない。

一定の業種※とは

- 製造業　● 土木建築業　● 鉱業
- 電気ガス事業　● 運送業　● 清掃業
- 物品販売業　● 金融保険業
- 保管賃貸業　● 媒介周旋業
- 教育研究調査業　● 医療保険業
- 通信報道業　● 集金案内広告業　など

社会保険

提出する書類
- 健康保険・厚生年金保険新規適用届
- 健康保険・厚生年金保険被保険者資格取得届

添付書類
- 労働者名簿　● 出勤簿　● 賃金台帳　● 源泉徴収簿
- 現金出納帳　● 総勘定元帳　● 事業者の住民票
- 事業主の確定申告書　● 事務所の賃貸借契約書の写し
- 加入する従業員の年金手帳　● 就業規則・給与規定　など

提出期限
従業員が5人以上になった日から、5日以内

提出先
事業所の区域を管轄する年金事務所

提出方法
● 直接持参　● 郵送　● 電子申請

医療給付：加入者自身や家族などが、病気やけがになった場合に治るまでの間、国などの一部負担で医療を受けることができる制度。

▶ 基本知識 ◀
実　践
記入見本

従業員を採用するときの手続き

気持ちよく働いてもらうために、労働条件を明らかにしよう！

労働条件は書面で労働者に渡す必要がある

従業員を雇うときには、**労働契約（雇用契約）**を結ぶことになります。

その際、賃金や労働時間などの労働条件を明示しなければなりません。明示すべき内容は法律で定められており、書面で従業員に渡すことが義務づけられているものもあります（→左ページ上図）。

また、採用した従業員から提出してもらう書面（→下図）もあり、中には「給与所得者の扶養控除等（異動）申告書」など、税務において重要な書類もあるので忘れずに提出してもらいましょう。

給与支払いに関する届出も必要になる

パートやアルバイトを含めて、従業員を採用して給与を支払うことになったら、「**給与支払事務所等の開設届出書**」を税務署に提出しなければなりません。

この届出をすれば、事業者は従業員に支払う給与などから所得税を天引きして、本人の代わりに納める義務を負うことになります。これを**源泉徴収**といいます。

天引きした所得税（源泉所得税）は原則として、給与を支払った翌月の10日までに納めなければいけないので気をつけましょう。

従業員に提出・提供してもらう書面等

- **給与所得者の扶養控除等（異動）申告書**
  給与計算にあたり、源泉所得税額を算出するために必要なので、**最初の給与支払時までに提出してもらう**。7年間の保存義務がある。
- **源泉徴収票**
  雇い入れた年に前職がある場合に提出してもらう。**年末調整に必要**。
- **雇用保険被保険者証**
  以前にも**雇用保険に加入していた場合**に提出してもらう。
- **健康保険被扶養者（異動）届**
  社会保険に加入する場合で、**扶養家族がいる場合**に提出してもらう。
- **年金手帳**
  社会保険に加入する場合に必要。配偶者を扶養する場合には配偶者分も。
- **個人番号（マイナンバー）**
  従業員の**社会保険や税金関係の手続き**で必要になるので提出してもらう。

労働契約（雇用契約）：労働者が労働を提供するかわりに、使用者がその対価として賃金を支払うことを約束すること。労働契約法でくわしいルールが定められている。

労働条件を明示する

労働契約を結ぶときには、使用者（事業者など）が労働者に下記のような労働条件を明示しなければならない。■■■は必ず明示し、■■■は制度を設ける場合には明示する。

1. 労働契約の期間に関すること。
2. 就業の場所と従事すべき業務に関すること。
3. 始業と終業の時刻、所定労働時間を超える労働の有無、休憩時間、休日、休暇、労働者をシフト制で就業させる場合における就業時転換に関すること。
4. 賃金の決定、計算、支払い方法、賃金の締切りと支払いの時期に関すること。
5. 退職に関すること（解雇の事由を含む）。

必ず書面をつくり、労働者に渡す！

6. 昇給に関すること。
7. 退職手当の定めが適用される労働者の範囲、退職手当の決定、計算と支払い方法、支払い時期に関すること。
8. 臨時の賃金、賞与、最低賃金額に関すること。
9. 労働者に負担させるべき食費、作業用品などに関すること。
10. 安全や衛生に関すること。
11. 職業訓練に関すること。
12. 災害補償や業務外の傷病扶助に関すること。
13. 表彰や制裁に関すること。
14. 休職に関すること。

給与支払事務所等の開設の届出が必要

従業員を1人でも雇用した場合は、「給与支払事務所等の開設届出書」を提出しなければならない（パートタイム労働者、青色事業専従者も含む）。

届出の方法

提出する書類
給与支払事務所等の開設・移転・廃止届出書

提出期限
給与を支払うことになった日から1か月以内

提出する書類
納税地の区域を所管する税務署

提出期限
・直接持参 ・郵送 ・e-TAX

源泉徴収：事業者が従業員に給与などを支払うとき、あらかじめ所得税分を差し引き、国などに納めること。会社員などは年末調整で、個人事業者などは確定申告で所得税の差額調整を行う。

ケーススタディ4

納品したのに支払いがない…
[代金を確実に回収するための対策]

数か月後
ああれ…？
ほかの依頼を断ってでも仕上げた大きな仕事！ギャラも高いし楽しみ！
旅行に出かけようかな〜
バッグ買おうかな〜

イラスト、OKです。
ありがとうございました。
○○社 田中
ヨッシャ!!
Eさん

振込がない…
おかし〜な〜
通帳
メールなし
メールや電話をしても反応なし…

数日後
どーしたのよ…
知ってる？○○社って経営やばいらしいよ〜
イラストレーターのお友達
ホントに…？
ゲッ！
エーン…
泣き寝入りするしかないの…？

原因
現金商売でもツケ払いにしていたらあぶない

売った商品の代金を支払ってくれない、注文通りに納品したのに報酬を払ってくれない……個人事業を続けていれば、一度や二度はこのような場面に直面することがあります。

Eさんは、まさにそのような事態に直面しています。Eさんがこのような状況におちいった原因は、**新規の取引先の経営状況を過信していた**ためでした。もちろん既存の取引相手でも、「いつもと同じように支払ってくれるだろう」と思い込んでいたら、Eさんと同じような目にあうかもしれません。

また、飲食店のような現金商売であっても、"ツケ"（後払い）を認めていれば、**ツケがたまって払えなくなるお客さんが現れ、代金を回収できなくなる**可能性があります。

146

代金や報酬を回収する方法

事前の対策

「そんな約束はしていない」「支払期日はまだ先のはず」などと言い逃れされないよう、**契約書など文書の形で報酬や代金の額、支払日**を約束しておく。

事後の対策

❶ 内容証明

郵便局が文書の内容を証明してくれる書留郵便のこと。**内容証明で催告書（代金などの支払いを督促する文書）を送る**ことで、「送った」「受けとっていない」というトラブルを避けることができる。

❷ 支払督促

「支払督促申立書」を提出することで、裁判所が債権者（事業者）に代わって督促する。**債務者（支払いを拒んでいる人）が督促を無視している場合**、強制的に代金などを回収できるようになる。

❸ 民事調停

申立書を提出することで、裁判所がトラブルの調停を行う。債務者が調停によって作成された**調停調書のとおりに代金などを支払わない場合**は、強制的に代金などを回収できるようになる。

❹ 訴訟（少額訴訟）

少額訴訟とは、60万円以下の金銭の支払いを求める訴えについて、**原則1日の審理でトラブルを解決**する特別な訴訟（裁判）のこと。弁護士に依頼しなくても、自分で行うことができる。

対策 支払いを拒まれたら法的手段を検討する

Eさんの場合、まずは仕事を引き受ける前に、同業者などに「○○社は報酬をきちんと支払ってくれる？」と聞くなど、**経営状況に問題がないか**を確認すべきでした。このように、取引先の動向に気を配っておくことはとても大切です。

事後の対策としては、まずは電話やメール、ハガキなどで、穏便に支払いを促すことから始めましょう。それでも相手に払う様子がなければ、**内容証明の形で催告書を送り**、支払いを強く求めましょう（↓上図）。

それでも支払わなければ、①**支払督促**、②**民事調停**、③**訴訟**が考えられます。訴訟については、請求額が少なければ**費用と時間がかからない「少額訴訟」**の活用を検討をしてもよいでしょう。

成功のヒント 4

事業をやめるときに備えたリスク対策

個 人事業者には、会社員のように退職金がありません。そのため、「もし事業をたたむことになったらどうしよう」と不安になることもあるかもしれません。

そのようなときにおすすめなのが、**小規模企業共済**です。個人事業をやめたときのために、**生活資金などをあらかじめ積み立てておく制度**です。独立行政法人中小企業基盤整備機構が、運営を行っています。

利用できるのは、常勤の従業員20人（宿泊業、娯楽業以外の商業とサービス業は5人）以下の個人事業者や共同経営者や会社の役員などです。月額の掛金は、1千円から7万円までの範囲で自由に選ぶことができます。

また、**掛金は全額が「小規模企業共済等掛金控除」として所得から控除することが認められている**ので節税にもなります。

中小企業基盤整備機構では、ほかに**経営セーフティ共済（中小企業倒産防止共済制度）**という制度も用意しています。取引先が倒産した場合に、個人事業者や中小企業などに緊急の資金を提供するものです。月額の掛金は、5千円から20万円までの範囲で選ぶことができ、掛金総額が800万円になるまで積み立てられます。**掛金は経費にできる**ので節税にもなります。

保障の少ない個人事業者の「万が一」に備えて、これらの制度の活用を考えておきましょう。

第5章

個人事業の経理のコツ

事業を続けていくためには、利益が出ているのか、
資金面の問題はないかなど、
経営状況を常に把握しておくことが大切です。
そのためにも経理の基本を覚えましょう。
日々の経理は、最終的には年末の決算にまでつながるので
おろそかにしてはいけません。

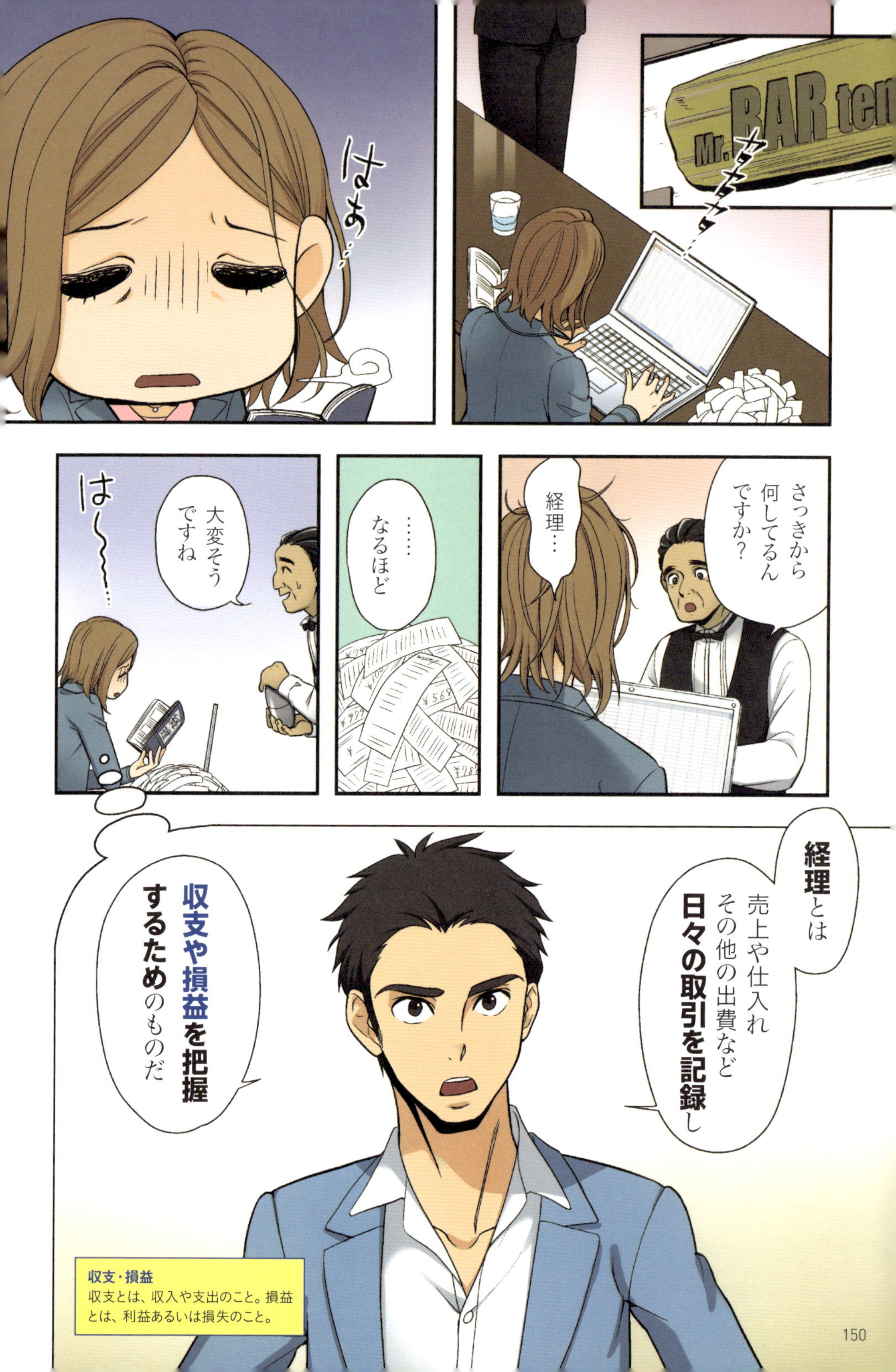

はぁ…

Mr. BAR ten

大変そうですね

はぁ〜…

……なるほど

経理…

さっきから何してるんですか？

経理とは売上や仕入れその他の出費など日々の取引を記録し

収支や損益を把握するためのものだ

収支・損益
収支とは、収入や支出のこと。損益とは、利益あるいは損失のこと。

聞くからに面倒そうですね…
こまめにやってないと痛い目にあうぞ！
いいからやれ
吉村さんの言ったとおりだわ
きちんとやっておけば…
？
これはどうすればいいんだろ……？
吉村さんに聞けばいいじゃないですか
それが最近あんまり連絡つかないんですよ～
そうですか…
そうだ！
マスターならもう経理は完璧ですよね？
教えてください！
そ…
そうですねぇ…

✓ Check!

おもな帳簿の種類

ひとまずこの**5つの帳簿**を覚えておくといいですよ

▶ 現金出納帳
現金の出入りを取引の発生順に記録するもの。

▶ 預金出納帳
事業用の口座の入出金や残高などを記録するもの。

▶ 売掛帳
取引先に対する売掛金額と回収金額を記録するもの。

▶ 買掛帳
取引先に対する買掛金の額と支払金額を記録するもの。

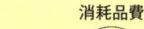

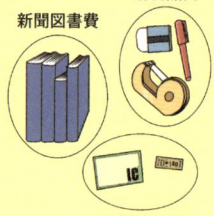

▶ 経費帳
経費について勘定科目ごとに記入するもの。

どんな**取引**が発生したらどの帳簿に記帳するかを知っておきましょう

じゃあこの「9月6日」に

A社の田中さんと「ランチミーティングしたときの1200円」は

「現金出納帳」

「日付」を入れて

「出金」

「打ち合わせ飲食代」

「1200円」ですね

> **取引**
> 経理における取引とは、帳簿上でお金やモノが増減することをいう。

取引区分	摘要	相手科目	売上	入金	残高
	＊＊前月＊＊				1,260,530
経費支払	打ち合わせ飲食代	接待交際費		1200	1200

あと簿記の基本は覚えておいたほうがいいですよ

簿記？

帳簿づけのルールのことで単式簿記と複式簿記の2種類があるんですよ

Check!

単式簿記と複式簿記の違い

	単式簿記	複式簿記
つけ方	収益と費用を記録し、損益をまとめるだけ。	収益と費用だけでなく、それによって増減した資産や負債の残高も記録する。
必要となる帳簿	現金出納帳、預金出納帳、売掛帳、買掛帳、経費帳など	単式簿記で必要な帳簿に加えて、仕訳帳、総勘定元帳
青色申告の特別控除	最大10万円	最大65万円

単式簿記はけっこう簡単でおこづかい帳や家計簿をつけるような感覚でできます

たとえば…

経費が発生

例1　9月8日に、西沢文具で大学ノート5冊を500円で購入した。

例2　9月30日に、10月分の店舗の家賃150,000円を銀行振込で支払った。

こんな感じで発生した経費ごとに取引の**内容と金額**を記帳していくわけです

単式簿記の場合

【経費帳】

●消耗品

20××年		適用	金額	
月	日		現金	その他
例1　9	8	西沢文具　大学ノート5冊	500	

●地代家賃

20××年		適用	金額	
月	日		現金	その他
例2　9	30	10月分家賃　銀行振込		150,000

複式簿記のときは経費帳の前に**仕訳帳**をつけます

経費の支払いで費用が増えたこと（原因）を「**借方**」に
現金預金が減ったこと（結果）を「**貸方**」に記入するんです

複式簿記の場合

【仕訳帳】

20××年		適用	元丁	借方	貸方
月	日				
例1 9	8	(消耗品費)		500	
		(現金)			500
		西沢文具 大学ノート5冊購入			
例2 9	30	(地代家賃)		150,000	
		(普通預金)			150,000
		10月分家賃　銀行振込			

仕訳帳
複式簿記における主要な帳簿の1つ。すべての取引を日付順に記録する。

簿記によって帳簿をつくると**青色申告**でのメリットが多くなるんですよ

アオイロシンコク？
どこかで聞いたような…

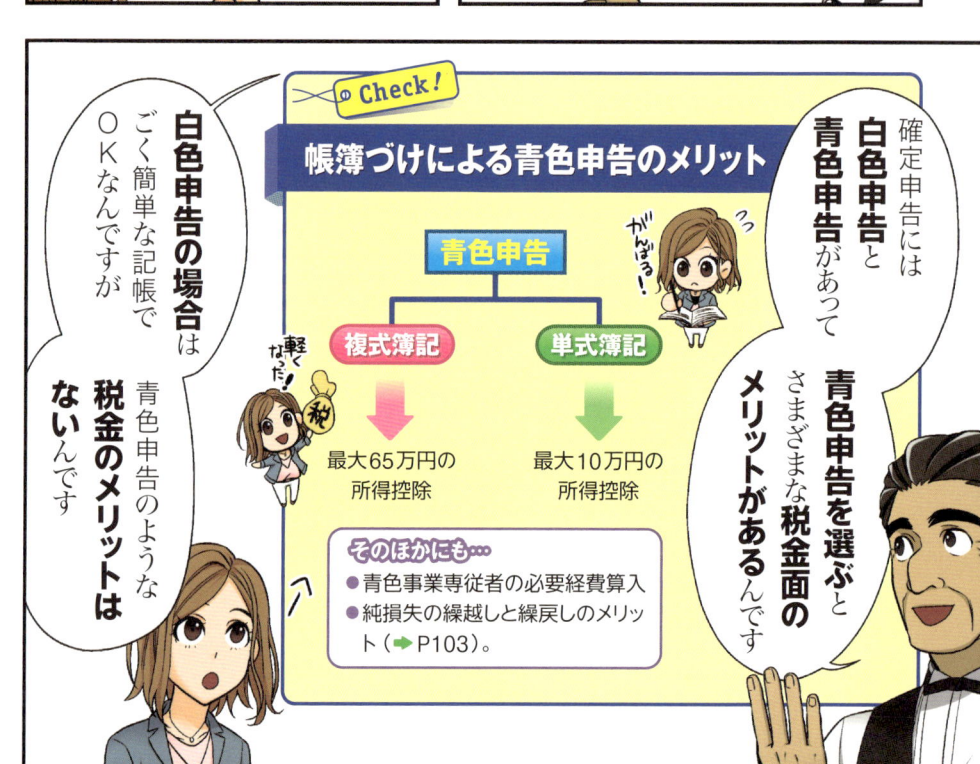

確定申告には**白色申告**と**青色申告**があって

青色申告を選ぶとさまざまな**税金面のメリット**があるんです

Check!
帳簿づけによる青色申告のメリット

青色申告
├ 複式簿記 → 最大65万円の所得控除
└ 単式簿記 → 最大10万円の所得控除

そのほかにも…
- 青色事業専従者の必要経費算入
- 純損失の繰越しと繰戻しのメリット（→P103）。

白色申告の場合はごく簡単な記帳でOKなんですが

青色申告のような**税金のメリットはない**んです

会計ソフトでつけていれば自動的に複式簿記にもできるので会計ソフトを使うといいですよ

うーん...

たしかに魅力的だけど簿記は大変そう......

よーし経理のことはこれで大丈夫そう！

カタカタ...

あとは...

最近の通話
吉村さん
吉村さん
吉村さん
松山さん
吉村さん

心配だなあ吉村さん...

松山さんにも相談してみようかな...

いらっしゃーい

マスター

カタカタ

PRRRRR

吉村

着信
神田綾子

ただいま電話に出ることが...

……!?

……で、急にふたりしてどうした?

はぁ…

最近全然連絡取れなくて心配してたんですよ

相談したら松山さんも何か変だって!

メールでは返信してたろ

私たちのことはだませませんよ

最近の吉村さんは変です

…まったくふたりの目はごまかせないな

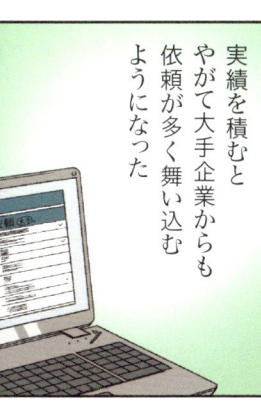

実は な… コンサルタントを再開させようと思っているんだ

そうなんですね!

でもそもそもどうして休業してたんですか?

そうだな 何から話すべきか… あれはもうどれくらい前のことになるかな…

「日本を元気にするために 個人事業者や中小企業の独立開業や発展をサポートする」

それが私の志です

もといた大手コンサル会社を辞め… オレはそんな思いをもとに独立した

がんばりましょう!

あなたのおかげで独立できました

ぜひ吉村さんにお願いしたい!

実績を積むとやがて大手企業からも依頼が多く舞い込むようになった

そんな中「笛吹さち」という女性から依頼があった

彼女はオレの大学時代の後輩だった

本気で起業したいんです

力を貸してください

彼女には店を「こうしたい」という明確なビジョンがあった

ここはゆずれないんです…!!

最近は依頼が多くて個人の相談は受けてないんだ

お前は運がいいぞ

だが天狗になっていたオレは彼女の意思を尊重しなかった

オレの言う通りにしたら絶対儲かる!!

そして…

先輩

私…お店をたたもうと思っています

もう資金繰りが…

私の実力不足です…

オレは初志を忘れちゃんと「人」を見ることを忘れていた…

そう気づいて自己嫌悪におちいって

コンサルタントの看板を下ろすことに決めたんだ

でもキミたちががんばる姿を見て

もう一度オレも

自分の夢を追いかけようと思えたんだ

ただ彼女を失敗させたオレがコンサルタントに戻ってもいいものか…

ああもう！吉村さんらしくない！

やるって決めたらやっちゃえばいいんですよ！

…そうだな

ところでもうすぐ決算だが神田さんは**決算**って知ってるか？

はて…？

決算は**1年間の収益と費用を計算し利益や損失の金額を明らかにする**ことだ

Check! 決算書の種類

それを書類にまとめたものが**決算書** いわば事業の成果を示す「成績表」だな

▶ **損益計算書／P/L**
（Profit and Loss Statement プロフィット アンド ロス ステイトメント）

1年間の利益もしくは損失を示すもの。

▶ **貸借対照表／B/S**
（Balance Sheet バランス シート）

期末時点（12月31日）における財産の状況を明らかにするもの。

この決算が確定申告にもつながり所得税などの**納税額も決まる**わけですね

Check! 決算の基本的な流れ

決算はどうやるんですか？

ざっとこんな流れだな

❶ 帳簿の見直しと修正

❷ 帳簿をもとに経理のデータをまとめる
（→P172）

❸ 決算整理を行う
「棚卸資産費の計上」
「固定資産の減価償却費(げんかしょうきゃく)の計上」
「貸倒金と貸倒引当金の計上」
「未払金の処理と前払金の調整」
「売掛金と買掛金の残金の確定」
「家事按分(あんぶん)の計算」を行い
1年分の取引を整理する。
（→P174〜178）

❹ 決算処理
決算書を作成する。単式簿記なら損益計算書のみ、複式簿記なら損益計算書と貸借対照表。
（→P180〜182）

それから その笛吹(うすい)さんとは まったく会ってないんですか?
あの 吉村さん…
メモ メモ…
なんだ?
ああ…
どうしても連絡をとりづらくてな…
一度も会ってない
そうなんですね
……
それはそうと…
ああ それはな…

Manage the money!
▶ **基本知識** ◀
実　践
記入見本

事業に大事なお金をしっかり管理しよう！ 経理によって経営状況を把握する

経理を行うことにはさまざまなメリットがある

事業を続けていくためには、収入と支出がどれくらいあるのか、利益が出ているのか、あるいは損しているのかなどを正確に把握することが必要不可欠。そのために「経理」を行います。経理を行うことには、さまざまなメリットがあります。まず、経理によって得られたデータは、**確定申告や納税を正しく行うために必要**になります。また、赤字が出ていた場合、数字などを**分析することで、事業の問題点が浮かび上がってきます**。さらに金融機関から融資を受ける際、自分の財務状況などを伝える資料としても利用できます。

経理業務は3つに分けられる

経理業務は大きく、3つに分けられます。毎日行う①**日次業務**、月に一度の②**月次業務**、期末に手がける③**年次業務**の3つです（↓下図）。3つの経理業務の中で最も重要なのは、決算書の作成や確定申告などを行う③年次業務です。

経理業務の中心は、**簿記**という作業になります。簿記とは、取引によって**生じたお金や商品の流れを帳簿に記録していくこと**です。

簿記によって収益や費用、利益が明らかになり、決算書の作成などができるようになります。

時期ごとに異なる経理業務を知ろう

1 日次業務
- 現金や預金の入出金を記録
- 会計書類をファイリング など

2 月次業務
- 売掛や買掛の請求や支払い、入金の確認
- 従業員の給与計算と支給 など

3 年次業務
- 年次決算と確定申告を行い、納税をする
- 年末調整を行い、従業員に所得税との差額を還付・徴収 など

財務状況：資金繰りや資金調達など、経営の資金面に関する状況。事業がどれくらい健全に経営されているかを示すもので、貸借対照表や損益計算書などに示されている。

単式簿記と複式簿記の違いを理解しておこう

簿記の方法には、単式簿記と複式簿記の2つがある。

	家計簿やおこづかい帳のような簡単な帳簿 **単式簿記**	より複雑でくわしく記載する帳簿 **複式簿記**
ポイント	**収益と費用を記録し、損益をまとめるだけ**	収益と費用だけでなく、それによって**増減した資産や負債の残額も記録**する
作成の手続き・手間	複式簿記に比べて、**シンプルで簡単**	単式簿記に比べて、**複雑で手間がかかる**
作成できる決算書	**損益計算書**だけ	**損益計算書と貸借対照表**
必要となる帳簿	**現金出納帳、預金出納帳、売掛帳、買掛帳、経費帳**など	単式簿記で必要な帳簿に加えて、**仕訳帳、総勘定元帳**
青色申告の特別控除	最大 **10 万円**	最大 **65 万円**

つまり 単式簿記のほうが簡単で誰でも記帳しやすいが、
節税を重視するなら複式簿記がオススメ!

経理に必要なおもな帳簿

主要簿 複式簿記に必要な帳簿

仕訳帳 すべての取引を日付順に記録するもの。
総勘定元帳 「売上」「仕入」など科目ごとに分けて記録するもの。

補助簿 単式簿記・複式簿記ともに必要な帳簿

現金出納帳 **現金の出入**を取引の発生順に記録するもの。
預金出納帳 事業用の**口座の入出金や残高**などを記録するもの。口座が複数ある場合には、金融機関別に作成する。
売掛帳 取引先に対する**売掛金額と回収金額**を記録するもの。得意先元帳ともいう。
買掛帳 取引先に対する**買掛金の額と支払金額**を記録するもの。仕入先元帳ともいう。
経費帳 経費について**勘定科目ごとに記入**するもの。

年末調整:従業員の1年間の給与総額が確定する年末に、その年に納めるべき税額を計算し、月々の給与から源泉徴収した税額との過不足額を精算する手続き。

Manage the money!

▶ 基本知識 ◀
実　践
記入見本

経費を上手にコントロールして安定経営を目指そう！

経費のしくみとポイント

利益と税負担のバランスを考えることが大事

事業を行うためには、さまざまな費用がかかります。このような費用のことを**経費**といいます。事業の利益は売上高などから、経費を引いたものです。

つまり、経営面から見た場合、**経費をより少なく抑えることができればその分、より多くの利益を得ることができる**わけです。一方、税務から見た場合、**経費が多く認められれば、それだけ税負担が軽くなります**。課税の対象となるのは、総収入から経費を差し引いた金額になるからです。

経費は利益や税負担に関わるので、バランスを考えることが大事です。

経費は大きく変動費と固定費に分けられる

経費は、大きく**変動費**と**固定費**の2種類に分けることができます。

まず、**変動費とは仕入代金や原材料費、外注費など、売上に比例して増減するもの**です。一方、**固定費とは売上に関係なく毎月かかるもの**で、人件費や家賃、支払利息などがあります。

経費を上手に管理するためには、売上に左右されない固定費をどれだけ減らせるかがポイントになります。

とくに人件費と家賃は金額が大きいので、目安としては家賃は売上の10％程度、人件費は粗利益の40％程度にするようにしましょう。

プラスの知識　経費に含まれるかどうかで悩んだら……

どのような支出が経費になるのかは、税法などによって定められています。しかし、税法では抽象的な表現が使われていることがあるため、実際に発生した個々の支出が経費として認められるかどうかがわかりにくいこともあります。その場合、同業者の知り合いに聞いてみるほか、税理士などの専門家に聞くか、裁判所の判例をチェックしてみるとよいでしょう。

支払利息：借入金などに対する利息のこと。利息の利率が変動するかどうかによって、固定金利と変動金利の2つのタイプがある。

《 簿記のルールにもとづくおもな勘定科目 》

簿記では、さまざまな経費を下の**勘定科目**に分けて認めている。税務のときに大切になるので、しっかり押さえておこう。

項　目	具体例
給与賃金	給料、賃金、賞与、退職金、食事や被服などの現物給与
外注工賃	外注費や業務委託費など
減価償却費	建物、機械、船舶、車両、器具備品などの購入費
繰延資産の償却費	開業費や開発費、共同的施設の負担金や建物を賃借するための権利金などの償却費
貸倒金	売掛金、受取手形、貸付金などの貸倒損失
地代家賃	店舗・工場・倉庫・事務所、月極駐車場などの敷地の地代や店舗、工場・倉庫などを借りている場合の家賃など
利子割引料	事業用資金の借入金の利子や受取手形の割引料など
租税公課	①税込経理方式による消費税などの納付額 ②事業税・固定資産税・自動車税・不動産取得税・登録免許税・印紙税などの税金 ③商工会議所・商工会・協同組合・同業者組合・商店会などの会費や組合費
荷造運賃	荷造りのための費用、運賃
水道光熱費	水道料、電気代、ガス代、灯油などの購入費
旅費交通費	電車賃、バス代、タクシー代、宿泊代、ガソリン代、パーキング代
通信費	電話代、切手代、電報料、インターネット代
広告宣伝費	①新聞・雑誌・ラジオ・テレビなどの広告費用、チラシ、折込広告の費用 ②広告用名入りカレンダー・うちわなどの費用 ③ショーウインドーの陳列装飾のための費用 ④インターネット広告を出す費用
接待交際費	取引先などの接待交際のための飲食代、贈答品代、ゴルフ代など
損害保険料	火災保険料、自動車の損害保険料
修繕費	店舗、自動車、機械、器具備品などの修理代
消耗品費	①帳簿、文房具、用紙、包装紙などの消耗品購入費 ②使用可能期間が1年未満か取得価額が10万円未満の什器備品の購入費
福利厚生費	①従業員の慰安、医療、衛生、保健などのために事業主が支出した費用 ②事業者が負担すべき従業員の健康保険、厚生年金、雇用保険などの保険料や掛金
雑費	事業上の費用でほかの経費に当てはまらない経費

勘定科目：簿記において、経費の用途や取引内容によって分けられた項目のこと。各科目名に法的な決まりはなく、経費の用途・内容がわかれば問題ない。

Manage the money!

▶ 基本知識 ◀
実　践
▶ 記入見本 ◀

毎日の経理業務は効率よく行う！

簿記と帳簿の基本としくみ

単式簿記を通して帳簿のしくみを学ぶ

青色申告で確定申告を行うためには、単式簿記と複式簿記のいずれかで帳簿を作成する必要があります。複式簿記は帳簿の種類が多く、つけ方も少し複雑です。

まずは、単式簿記の帳簿のつけ方を通して、帳簿の基本的なしくみと記帳方法を理解しましょう。

単式簿記では、おもに①**現金出納帳**、②**預金出納帳**、③**売掛帳**、④**買掛帳**、⑤**経費帳**を使用します（→P167〜169）。①②⑤はすべての業種で必須になりますが、③④は必要に応じて作成することになります。

会計ソフトも活用して経理業務を効率化しよう

毎日の帳簿付けに会計ソフトを活用することも考えておくといいでしょう。ソフトによって機能はさまざまですが、基本的には売上や費用などの入出金について、その数字を打ち込めば、自動的に複式簿記まで行ってくれます。また、すべての帳簿が連動しているので、1つの帳簿にまとめたデータを他の帳簿でもスムーズに活用することができます。

会計ソフトを使えば、簿記に関する知識が不足していても帳簿を作成することができ、経理業務の短縮にもなるでしょう。

プラスの知識

簿記検定にトライして正しいつけ方を学ぶ

簿記を学ぶ手段として、もし余裕があれば簿記検定に挑戦してみるのもよいでしょう。簿記の基礎知識や計算能力を判定することを目的とした検定試験で、複数の団体が実施しています。最も知られているのは、商工会議所が主催する日商簿記検定です。同検定3級の資格があれば、一般的に個人事業レベルの簿記は問題なくこなせるでしょう。

会計ソフト：会計情報を効率的に把握し、一元管理することを目的とした専用ソフト。通常、単式簿記、複式簿記のいずれにも対応している。

《 5つの帳簿のつけ方 》

ここからは実際に単式簿記による現金出納帳、預金出納帳、売掛帳、買掛帳、経費帳の5つの帳簿のつけ方を見ていきましょう。

第5章 個人事業の経理のコツ

❶ 現金出納帳　現金の出入を取引の発生順に記録するもの。

例　取引内容
- 3月1日時点で**現金繰越**が**71,530円**あった。
- 3月10日に商品を**現金で販売**し、**62,000円**の売上があった。
- 3月13日に**商品2個（単価3,000円）**が返品され、現金を返金した。
- 3月18日にA銀行○○支店の**普通預金**から**80,000円**を引き出した。

→ 現金の残高を記入する。

20××年		摘要	入金		出金		現金残高
月	日		現金売上	その他	現金仕入	その他	
3	1	前月より繰越					71,530
	10	現金小売	62,000				133,530
	13	△現金小売の返品 「○○○（商品名）」 2個@3,000	△6,000				127,530
	18	預金引出 A銀行○○支店 普通預金		80,000			207,530

- 年月日を入れる。現金の入出金があるたびに、日付順に記入していく。
- 取引先やおもな取引内容など、取引の概要を記入する。返品はマイナスを示す△で表す。
- 入金額を「現金売上」と「その他」に分ける。
- 出金額を「現金仕入」と「その他」に分ける。

❷ 預金出納帳　事業用の口座の入出金や残高などを記録するもの。

例　取引内容
- 3月1日末時点でA銀行○○支店の**普通預金**の**預金残高**が**623,500円**あった。
- 3月18日に**80,000円**を引き出した。
- 3月20日に（株）B商社の2月分の**売掛金280,000円**が**入金**された。
- 3月25日に**水道光熱費25,000円**を**銀行引落**で支払った。

→ 預金の残高を記入する。

A銀行　普通預金

20××年		摘要	入金	出金	預金残高
月	日				
3	1	前月より繰越			623,500
	18	預金引出		80,000	543,500
	20	売掛金（2月分） （株）B商社	280,000		823,500
	25	水道光熱費		25,000	798,500

- 口座が複数ある場合は、口座ごとに作成する。
- 出金額を記入
- 年月日を入れる。預金口座に入出金があるたびに、日付順に記入していく。
- 取引先やおもな取引内容など、取引の概要を記入する。
- 入金額を記入。

3 売掛帳   取引先に対する売掛金額と回収金額を記録するもの。

例 取引内容
- 3月1日時点で**売掛金**の繰越が313,000円あった。
- 3月11日に「○○○」50個（単価1,500円）が**売掛**で売れた。
- 3月20日に2月分の売掛金280,000円が入金された。
 同時に**不良品**で「×××」5個が返品となった。

株式会社B商社
住所：東京都千代田区神田小川町○丁目○番○号　電話：03-xxxx-xxxx

取引先ごとに作成し、取引先の氏名や名称、住所、電話番号などを記載する。

売掛金の請求書を発行したら「請」、入金があったら右に「入」と記入する。

20××年		品名	数量	単価	売上金額	受取金額	差引残高	照合欄
月	日							
3	1	前月より繰越					313,000	
	11	「○○○（商品名）」（売掛）	50	1,500	75,000		388,000	請
	20	振込入金（2月分）				280,000	108,000	入
		△返品（不良品）「×××（商品名）」	△5	△1,500	△7,500		100,500	

年月日を入れる。売掛金の発生や回収があるたびに、日付順に記入していく。

売掛金の発生内容、回収方法を記入する。返品などはマイナスを示す△で表す。

商品を販売したが、まだ回収していないので、売掛金の残高が増える。

これまでの売掛金と回収金の差引残高を記入する。

売掛金の一部を回収したので、売掛金の残高が減る。

4 買掛帳   取引先に対する買掛金額と支払金額を記録するもの。

例 取引内容
- 3月1日時点で**買掛金**の繰越が255,300円あった。
- 3月14日に「○○○」100個（単価1,500円）を**買掛**で仕入れた。
- 3月30日に2月分の買掛金200,000円を支払った。同時に**不良品**で「◎◎◎」6個を返品とした。

取引先ごとに作成し、取引先の氏名や名称、住所、電話番号などを記載する。

これまでの買掛金と支払金の差引残高を記入する。

買掛金の請求書が届いたら「確」、支払ったら右に「払」と記入する。

株式会社B商社
住所：東京都千代田区神田小川町○丁目○番○号　電話：03-xxxx-xxxx

20××年		品名	数量	単価	仕入金額	支払金額	差引残高	照合欄
月	日							
3	1	前月より繰越					255,300	
	14	「○○○（商品名）」（買掛）	100	1,500	150,000		405,300	確
	30	振込支払（2月分）				200,000	205,300	払
		△値引（キズもの）「◎◎◎（商品名）」	△6	△500	△3,000		202,300	

年月日を入れる。買掛金の発生や支払いがあるたびに、日付順に記入していく。

買掛金の一部を支払ったので、買掛金の残高が減る。

商品を仕入れたが、まだ支払っていないので、買掛金の残高が増える。

5 経費帳　経費について勘定科目ごとに記入するもの。

例 取引内容
- 3月10日に**ネットモールJungle**で**ボールペン10本（計950円）**を購入した。
- 3月18日に**東京マート**で**インスタントコーヒー（820円）**を購入した。
- 3月22日に区役所で**住民票を2通、発行した（計600円）**。
- 3月23日に**西沢文具**で**大学ノート5冊（計500円）**を購入した。
- 3月25日に**事務所の家賃150,000円**を銀行振込で支払った。
- 3月28日に**東都電力、東日本ガス、東都水道局から2月分の水道光熱費**が引き落とされた。

消耗品

20××年		摘要	金額	
月	日		現金	その他
3	10	Jungle ボールペン10本	950	
	18	東京マート インスタントコーヒー	820	
	23	西沢文具　大学ノート5冊	500	

- 年月日を入れる。項目に該当する経費が発生するたびに、日付順に記入していく。
- 経費を何に使ったのかを記入する。現金以外で支払った場合は、支払い方法も記す。
- 現金払いの場合は「現金」の欄に、それ以外の場合には「その他」に支払金額を記入する。

水道光熱費

20××年		摘要	金額	
月	日		現金	その他
3	28	東都電力　電気代　2月分		136,500
	28	東日本ガス　ガス代　2月分		8,200
	28	東都水道局　水道代　2月分		5,300

経費帳は勘定科目ごとに項目を立てて記入する。ほとんど使わない科目は、あえて科目をたてず「雑費」として処理してもよい。

地代家賃

20××年		摘要	金額	
月	日		現金	その他
3	25	4月分家賃　銀行振込		150,000

雑費

20××年		摘要	金額	
月	日		現金	その他
3	22	住民票 発行手数料 2通	600	

現金払いなら現金出納帳に、銀行引落などなら預金出納帳に同じ取引内容を記帳する。

Manage the money!

基本知識
▶ 実　践 ◀
▶ 記入見本 ◀

資金状況をこまめにチェックするクセをつけよう！
月次決算で業績を把握する

月次決算を行って問題があればすぐに対応

一般に決算というときは、年度末に行う**年次決算**を意味します。ただし、ほかに半年間のまとめを行う**中間決算（半期決算）**、3か月ごとに行う**四半期決算**、さらに毎月行う**月次決算**などもあります。

年次決算は毎年すべきものですが、これらの中で、**個人事業者におすすめしたいのが月次決算**です。

月次決算を行うことによって、業績をよりタイムリーに把握することができるようになります。そして、何か問題点があればすぐに解決策を考え、対応できるようになるでしょう。さらに、年次決算をまとめる手間を減らせるようにもなります。

月次試算表と資金繰り表を作成する

月次決算を行うためには、日々の取引をその日のうちに処理して記録するしくみをつくる必要があります。入ってきた現金を毎日閉店後に照合し、事業用口座もこまめに記帳します。

そうしてまとめられた日々の会計記録は、最終的に**月次試算表**にまとめます。月次試算表とは、売上高などを一月単位で記録したものであり、いわば毎月ごとの決算書です。月次試算表はら提出を求められることもあります。会計状況をタイムリーに把握するという月次試算表の目的から考えると、遅くとも翌月の2週目までにはまとめたほうがいいでしょう。

月次試算表の作成とあわせて、**資金繰り表**（➡左ページ）もつくるといいでしょう。資金繰り表はどれだけの現金が入り、出ていったのかを記録したものです。手元にある資金の状況を把握することができます。

手元の資金がなくなれば、たとえ利益を上げていたとしても事業を続けることができなくなります（黒字倒産）。そうならないようにするために、資金繰り表をつくり、常に十分な資金があるかどうかを確認しておくのです。

月次決算を行うことによって、融資を得ようとする際に、金融機関か

資金繰り：予定される支払いに対応できるように、入ってくるお金と出ていくお金の管理を行い、資金の流れをコントロールすること。

資金繰り表のつくり方の例

資金繰り表は現金の収支を記入するもの。ここでは2か月分しか載せていないが、本来は少なくとも1年分で作成したい。そうして、次月以降で支払いが間に合いそうにない月が見つかったら、早めに手立てを考える。

			○月（開業月）		△月	
			計画	実績	計画	実績
A 前月より繰越			-	-	217	178
売上	① 現金売上		200	160	170	160
	② 掛売上入金分		0	0	30	30
	③ その他		0	0	0	0
B 入金額計 ①〜③			200	160	200	190
売上原価	④ 現金仕入		60	55	50	45
	⑤ 掛仕入支払分		0	0	10	10
	⑥ その他		0	0	0	0
C 仕入支払額計 ④〜⑥			60	55	60	55
D 差引現金残高（A+B-C）			140	105	357	313
経常支出	⑦ 水道光熱費		10	12	12	11
	⑧ 旅費交通費		1	1	1	1
	⑨ 通信費		2	3	3	3
	⑩ 広告宣伝費		5	5	5	5
	⑪ 接待交際費		3	3	3	3
	⑫ 損害保険料		0	0	0	0
	⑬ 消耗品		3	4	4	4
	⑭ 地代家賃		18	18	18	18
	⑮ 人件費		20	20	20	20
E 経常支出計 ⑦〜⑮			62	66	66	65
F 資金過不足（D-E）			78	39	291	248
財務収入	⑯ 借入金		600	600	0	0
	⑰ 自己資金		400	400	0	0
G 財務収入計（⑯+⑰）			1,000	1,000	0	0
財務支出	⑱ 利子割引料		1	1	1	1
	⑲ 借入金返済額		10	10	10	10
	⑳ 開業費用		800	800	0	0
H 財務支出計（⑱+⑲+⑳）			811	811	11	11
I 差引現金残高（F+G-H）			267	228	280	237
㉑ 生活費			50	50	50	50
次月繰越（I-㉑）			217	178	230	187

- 前月の繰越金額を記入する。
- 売上を現金と掛金の入金分に分けて記入。
- 「計画」と「実績」に分けて、先々の見込みを立てる。「計画」では収入は少なめに、支出は多めに見積ることが大事。
- 繰越金と売上による収入分と仕入による支出を差し引いた金額はここを見る。
- 仕入を現金と買掛金の支払い分に分けて記入。
- 固定費について、勘定科目などで分けて記入。科目は事業に合わせて変えてよい。
- Dから固定費の合計額を差し引いた現金の残高。マイナスになりそうなときは、固定費の削減や借入の検討などの対策をする必要がある。
- 借入をしたときや自己資金を投入したときに記入する。
- 借入金の元金や利子の返済額を記入。
- 財務の収支分も含めた現金の残高。
- 生活費も資金繰り表の中に組み込んで確保しておく。
- この金額が翌月の事業資金として繰り越される。

Manage the money!

▶ **基本知識** ◀
実　践
記入見本

決算の流れを理解する

全体の流れを押さえて1つずつ着実にやっていこう！

青色申告の場合には青色申告決算書が必要になる

個人事業では、決算書の作成が義務づけられているわけではありません。

ただし、青色申告を行う場合には、**青色申告決算書**を提出する必要があります。単式簿記の場合には損益計算書が、複式簿記の場合には損益計算書と貸借対照表が青色申告決算書となります。

そこで、ここからは青色申告決算書の作成方法を具体的にみていきます。

まとめた帳簿をもとに決算整理を行う

決算書は日々の経理業務で作成した

決算の流れをチェックしよう

決算の流れは、大きく分けて次の4ステップ。大きな流れを理解しながら、1つずつ確実に行っていこう。

① 帳簿の見直しと修正を行う

- □ 数字の間違いはないか。
- □ 年をまたぐ時期の売上や費用をきちんと計上しているか。
- □ 売掛金、買掛金の残高は正しいかどうか。
- □ 領収書、納品書などの証憑書類は失われていないか。

② 1年分のデータをまとめる

- □ 1年分の売上高をまとめる。
- □ 1年分の仕入高をまとめる。
- □ 1年分の必要経費をまとめる。

決算の公告：株式会社の場合、作成した決算書は株主総会などの承認を得たあと、官報や自社サイトなどで公開する義務がある。これを公告といい、会社法で定められている。

帳簿をもとに作成します。つまり、決算を行うためには、帳簿が正確であることが大前提になります。

そこで準備作業として、まずは帳簿の見直しを行います。記帳した内容に漏れや間違いがないか、納品書、請求書、領収書などと照らし合わせながらチェックしていき、漏れや間違いなどがあれば修正を行います。

帳簿の見直しと修正が終わったら、その帳簿をもとに売上高、仕入高、経費について、1年分の合計を求めます。

1年分のデータをまとめたら、今度は**決算整理**を行います。決算整理とは、事業の実態にあわせて帳簿上の数字を調整していく作業です。下図のような流れで作業を行いましょう。

これらの決算整理の結果を踏まえて、最後に決算書を作成します。なお、株式会社と異なり、個人事業で決算書を作成したあとに、決算の公告を行う義務はありません。

> 決算整理は**決算業務の中で最も核となるもの**であり、専門的な知識も求められる。174〜178ページを参考に、ポイントをきちんと押さえよう。

③ 決算整理を行う

- ☐ 棚卸し（在庫分の合計金額を算出する）➡ P174
- ☐ 固定資産の減価償却費を計上する ➡ P176
- ☐ 未払金の処理と前払金を調整する ➡ P178
- ☐ 売掛金と買掛金の残高を確定させる ➡ P178
- ☐ **家事按分**（あんぶん）の計算を行う ➡ P178
- ☐ 貸倒金と貸倒引当金を計上する ➡ P178

④ 決算書を作成する

決算書①　損益計算書（複式簿記・単式簿記の両方で必要）

- ☐ まとめた売上高や仕入高、各経費の金額が間違っていないか。
- ☐ 決算整理で計算した各金額が正しく記入されているか。
- ☐ 最終的な所得金額が正しく計算されているか。

決算書②　貸借対照表（複式簿記の場合のみ必要）

- ☐ 期末時点の資産（現預金や売掛金など）の金額が正しく記入されているか。
- ☐ 期末時点の負債・資本（買掛金や借入金など）の金額が正しく記入されているか。
- ☐ 資産と負債・資本の金額が完全に一致しているか。

家事按分：プライベート用と事業用とが混ざった状態で支払っている費用について、経費と生活費とに分配する作業、もしくはその割合のこと（➡ P187）。

Manage the money!

基本知識
▶ 実 践 ◀
記入見本

決算整理① 棚卸資産の評価と計算

年末時点の在庫を数えて計算しよう

利益を計算するためには棚卸資産の把握が必要

小売業や飲食業などでは年度末に手元にある在庫数をすべて数えて、集計しなければなりません。これを**棚卸し**といいます。**在庫は棚卸資産として帳簿に記入**されます。事業で得た利益を計算するためには売上原価を正確に把握することが必要です。この売上原価を求めるうえで、棚卸資産の金額を計算しておくことが必要になります。

棚卸資産の評価と計算にはさまざまな方法がある

棚卸資産を評価して計算する方法は、とても細かく分かれています。評価方法としては、**原価法と低価法**の2つがあります。

まず、原価法は棚卸資産を取得したときの時価で評価する方法です。一方、低価法は取得したときの時価と年末時点の時価を比べて、低いほうで評価する方法です。

低価法を選択するためには青色申告を行うことが必要で、かつ事前に税務署への届出が必要です。白色申告の場合は、自動的に原価法となります。

さらに原価法の場合、具体的な計算を①個別法、②先入先出法、③総平均法、④移動平均法、⑤売価還元法、⑥最終仕入原価法の中から選ぶことができます。

在庫の分類

棚卸資産として帳簿に記入される在庫は、一般的に次の3つに分類される。

① 事業で販売するために持っている資産（**商品・製品**など）

② 販売する製品の生産のために、その過程にある資産（**仕掛品**など）

③ 生産のために直接的・間接的に使用する資産（**原材料・貯蔵品**など）

仕掛品：製造中の製品で、その状態ではまだ販売などができないもの。原材料を少しでも加工してあれば、仕掛品に含まれる。

《 棚卸資産の評価方法 》

棚卸資産の計算はさまざまな方法がある。それぞれの計算方法の特徴を知り、事業に適した方法を選ぶことが大切だ。

評価方法	計算方法	内容
原価法	個別法	個々の取得価額に基づいて評価する方法。宝石類や土地・建物等の**不動産を評価する場合に適している。**
原価法	先入先出法	先に入荷したものから順に**払い出し**が行われたものと仮定して評価する方法。**実際のモノの流れに近い評価方法**となる。
原価法	総平均法	前年の棚卸額と本年中の仕入高の合計額をそれらの総数量で割った単価に基づいて評価する方法。**シンプルに平均値を出したい場合に適している。**
原価法	移動平均法	資産を取得するたびに、その平均単価を計算して取得価額を評価する方法。**期中でも常に売上原価を把握したい場合に便利。**
原価法	売価還元法	棚卸資産の売価に原価率をかけて原価に還元して評価する方法。**取扱品目がとても多い場合に適している。**
原価法	最終仕入原価法	当年度末の仕入単価に基づいて評価する方法。**会計処理が簡単**になる。
低価法		年末時点での在庫の時価と、原価法のいずれかの評価方法で計算した評価額とを比較し、より低いほうの評価額を採用する方法。原価法を採用した場合にくらべて、**節税効果をより高められる。**

棚卸資産の評価方法を覚えよう

例 決算時に100個の在庫が残っていた。1年最後の仕入単価は80円で、12月31日時点の単価が75円だった。

① 最終仕入原価法（原価法）で計算する

最後の仕入単価 × 年末の在庫数 ＝ 棚卸資産額

今年最後の仕入単価 → 80円 × 100個 ＝ 8,000円 ← 当年の棚卸資産額

② 低価法で計算する

STEP1 年末時点での時価 × 年末の在庫数 ＝ 棚卸資産額

年末時点の時価 → 75円 × 100個 ＝ 7,500円 ← 当年の棚卸資産額

STEP2 STEP1で求めた7,500円と、①の原価法で計算した8,000円だと、②の低価法の方が低いため、②を選ぶ。

つまり 一般的には原価法に比べて、**低価法のほうが棚卸資産の評価額を低く抑えられる**ため、より節税効果が大きいといわれている。ただし、届出が必要で計算方法も少し面倒なので、開業当初は最終仕入原価法を選んでもいいだろう。

払い出し：一般には金銭を支出することだが、棚卸資産の評価方法においては、商品や製品を会社の外部に販売することや原材料を製造工程に回すことを意味する。

第5章　個人事業の経理のコツ

Manage the money!

基本知識
▶ 実　践 ◀
記入見本

決算整理② 減価償却の計算

事業のために買った資産を経費に計上しよう！

事業に使う資産は複数年に分けて経費計上する

自動車やパソコン、内装設備などのように、一般的に時間の経過などによってその価値が減っていく資産を**減価償却資産**といいます。減価償却資産を購入するときの金額は、購入時に全額経費とするのではなく、その資産が使用できる期間にわたって分割して経費とするルールとなっています。

つまり、減価償却資産の<u>取得価額</u>については、複数年にわたって経費として計上していくことになります。これを**減価償却**といいます。

たとえば、パソコンを32万円で購入したとします。これを取得年に32万円

◇ 定額法の法定耐用年数と償却率 ◇

資産	細目	法定耐用年数	償却率※2
事務機器・通信機器	パソコン（サーバーを除く）	4年	0.250
	プリンター	5年	0.200
	コピー機	5年	0.200
	ファクシミリ	5年	0.200
家具、電気・ガス機器等	事務机、事務いす、キャビネット（金属製）	15年	0.067
	事務机、事務いす、キャビネット（金属製以外）	8年	0.125
	応接セット（接客業）	5年	0.200
	応接セット（接客業以外）	8年	0.125
	冷房・暖房用機器	6年	0.167
	テレビ・ラジオ	5年	0.200
自動車※1（二輪・三輪を除く）	小型車（総排気量0.66リットル以下）	4年	0.250
	ダンプ式貨物自動車	4年	0.250
	その他の一般乗用車	6年	0.167

※1「自動車」は運送業・タクシー業などでは法定耐用年数が別に定められている。
※2「償却率」とは、法定耐用年数ごとに1年間に経費として計上できる割合のこと。定額法と定率法では償却率が異なる。

取得価額：減価償却資産そのものの購入金額のほかに、その購入にかかった手数料や引取運賃などの付随する費用を加算したもの。

を全額経費として計上するのではなく、1年目に8万円、2年目に8万円……と耐用年数の4年間で金額を分けて計上していくわけです。

何年にわたって分割するのかを法定耐用年数といい、償却資産の種類によって定められています（→右ページ図）。減価償却の方法としては、定額法と定率法の2つがあります。

まず、定額法とは、毎年一定の額を計上する方法です。一方、定率法とは、帳簿価格に一定の償却率をかけて計上していく方法です。

法定の償却方法は一般的に定額法ですが、どちらを選ぶのかは、事業者の自由です（ただし、建物については定額法のみ）。最初は定率法にして、あとで定額法にすることもできます。そのため、償却資産を購入する年に利益を多く上げられそうであれば、その年に経費を多く計上できる定率法を選ぶと、節税面で有利になります。

減価償却費の計算方法や特例をチェックしよう

❶ 定額法

1年目	取得価額×定額法の償却率×使用月数／12＝1年分の減価償却費
2年目以降	取得価額×定額法の償却率＝1年分の減価償却費

例　7月に営業用に150万円の一般乗用車を購入した

1年目	150万円×0.167×$\frac{6}{12}$＝ 12万5,250円
2〜6年目	150万円×0.167＝ 25万500円
7年目	150万円×0.167×$\frac{6}{12}$ -1※＝ 12万5,249円

→ それぞれの金額が各年の減価償却費

※ 法定耐用年数を過ぎて償却資産を使用し続けている場合、残存簿価として帳簿上は1円を残す。

❷ 定率法

1年目	取得価額×定率法の償却率＝1年分の減価償却費
2年目以降	（取得価額−前年末までの償却額の合計）×定率法の償却率＝1年分の減価償却費

※ 定率法による減価償却費を正確に求めるには、償却資産ごとに定められた保証率等も考慮する必要がある。くわしくは国税庁のホームページを参照（https://www.nta.go.jp/taxes/shiraberu/taxanswer/shotoku/2106.htm）。

▶ **減価償却費の計算に関する特例**
❶ **使用可能期間が1年未満のもの**や**取得価額が10万円未満のもの**は、取得した年に全額を経費にできる。
❷ **取得価額が10万円以上20万円未満のもの**は、通常の耐用年数による減価償却費の計算以外に、3年間で均等に償却する方法を選択できる。

事業者の自由：定率法を選ぶ場合は、その年の確定申告の期限までに「減価償却資産の償却方法の届出書」を税務署に提出する必要がある。

Manage the money!
基本知識 ▶ 実践 ◀ ▶ 記入見本 ◀

決算整理③ 年をまたぐお金の処理

未払い金や売掛金など、具体的な数字をまとめよう!

決算整理によって未払金の処理などを行う

決算整理では、ほかに次の4つの作業を行います。

① 未払金の処理と前払金の調整

その年の経費であってまだ支払っていない費用(未払金)は、本年中の経費にします。また、翌年の経費を前払いしたもの(前払金)は、本年分の経費として認められないので取り除きます。

② 売掛金と買掛金の残高の確定

本年に納品や業務が完了して年内に代金を受け取っていないもの(売掛金)は、本年の売上として計上します。後払いで受け取っているもの(買掛金)は、本年の仕入として計上します。

③ 家事按分の計算

自宅の一部を事業所としている場合、光熱費や通信費、家賃などの一部を経費として計上することができます。具体的には、事業に使用した部分と私用で使用した部分にわける按分計算を行います(➡P187)。

④ 貸倒金・貸倒引当金の計上

取引先の倒産などによって回収不能となった金額は、貸倒金として経費に計上できます。また、回収不能が見込まれている金額も、一定額を経費として計上することができます。これを貸倒引当金といいます。

以上のような決算整理が終わった後、各作業で算出した金額を集計し、青色申告決算書を作成します。

青色申告決算書の全体構成

青色申告決算書は基本的に全4ページで構成される。書面は税務署で入手するほか、国税庁のホームページからもダウンロードできる。

1ページ目 損益計算書(➡P181)

2ページ目 「損益計算書」に記載する金額のうち、売上、仕入、給与賃金、専従者給与、貸倒引当金、青色申告特別控除についての詳しい内訳をまとめたもの(➡左ページ)。

3ページ目 「損益計算書」に記載する金額のうち、減価償却費、利子割引料、地代家賃、税理士・弁護士報酬・特殊事情のくわしい内訳をまとめたもの(➡左ページ)。

4ページ目 貸借対照表(➡P182)

特殊事情…特別な事情により、前年と比べて売上や経費が大きく増減したときには、損益計算書にその内容を具体的に記載する。

青色申告決算書2・3ページ目の記載例

まずは2～3ページ目に売上や仕入れ、給与、減価償却費などのくわしい内訳を記入しよう。それぞれの合計額を1ページ目の損益計算書に記載することになる。

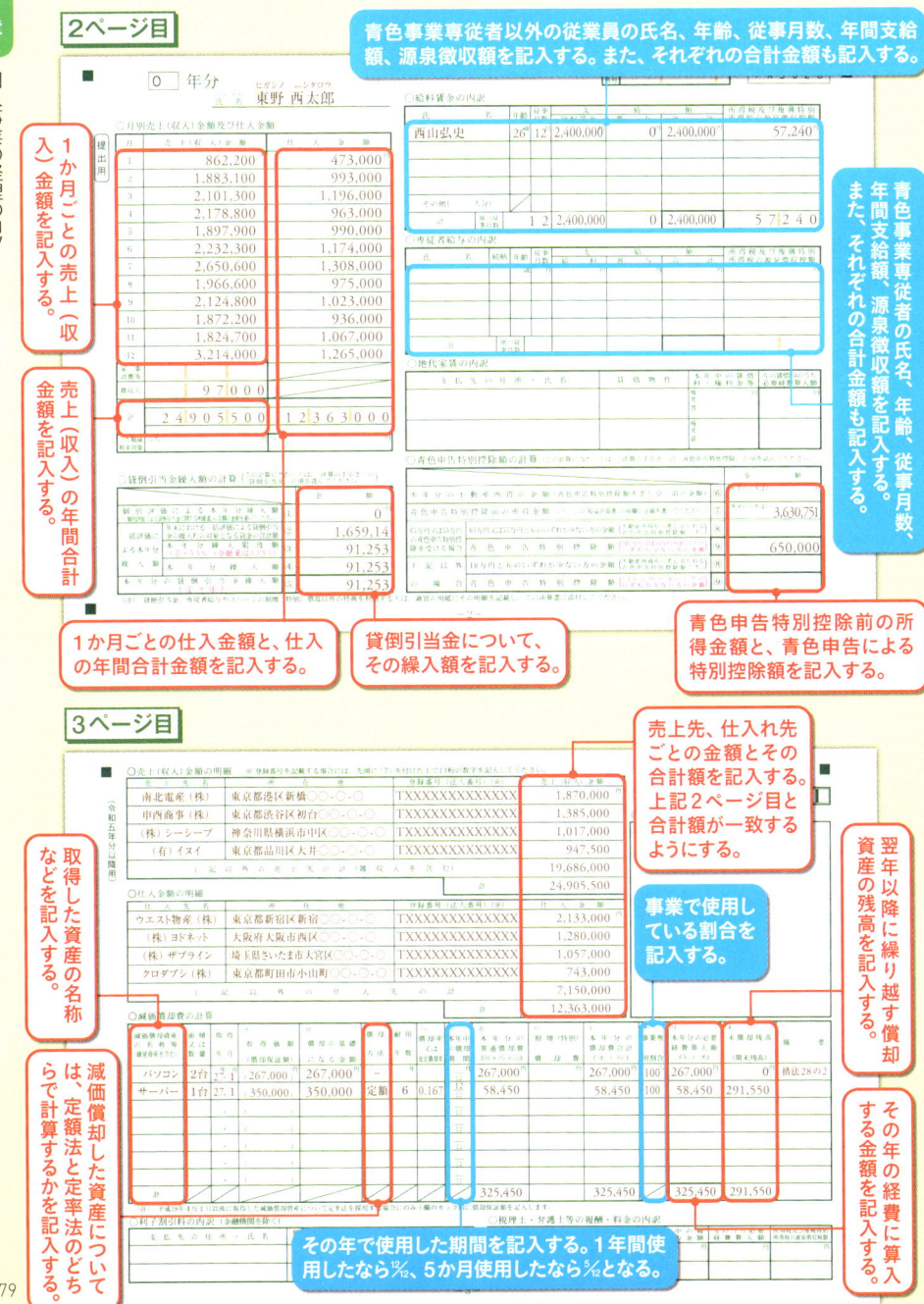

第5章 個人事業の経理のコツ

2ページ目

1か月ごとの売上（収入）金額を記入する。

○月別売上（収入）金額及び仕入金額

月	売上（収入）金額	仕入金額
1	862,000	473,000
2	1,883,100	993,000
3	2,101,300	1,196,000
4	2,178,800	963,000
5	1,897,900	990,000
6	2,232,300	1,174,000
7	2,650,600	1,308,000
8	1,966,600	975,000
9	2,124,800	1,023,000
10	1,872,200	936,000
11	1,824,700	1,067,000
12	3,214,000	1,265,000
家事消費等	97,000	
計	24,905,500	12,363,000

売上（収入）の年間合計金額を記入する。

1か月ごとの仕入金額と、仕入の年間合計金額を記入する。

○青色事業専従者以外の従業員の氏名、年齢、従事月数、年間支給額、源泉徴収額を記入する。また、それぞれの合計金額も記入する。

○給料賃金の内訳

西山弘史	26	12	2,400,000	0	2,400,000	57,240
その他（ 人）		1 2	2,400,000		2,400,000	5 7 2 4 0

○専従者給与の内訳

○地代家賃の内訳

○貸倒引当金繰入額の計算

	0
	1,659,14
	91,253
	91,253
	91,253

貸倒引当金について、その繰入額を記入する。

○青色申告特別控除額の計算

| | 3,630,751 |
| | 650,000 |

青色事業専従者の氏名、年齢、従事月数、年間支給額、源泉徴収額を記入する。また、それぞれの合計金額も記入する。

青色申告特別控除前の所得金額と、青色申告による特別控除額を記入する。

3ページ目

取得した資産の名称などを記入する。

○売上（収入）金額の明細

名称	所在地	登録番号	売上（収入）金額
南北電産（株）	東京都港区新橋	TXXXXXXXXXXXX	1,870,000
中西商事（株）	東京都渋谷区初台	TXXXXXXXXXXXX	1,385,000
（株）シーンーブ	神奈川県横浜市中区	TXXXXXXXXXXXX	1,017,000
（有）イヌイ	東京都品川区大井	TXXXXXXXXXXXX	947,500
上記以外の売上（収入）金額の合計			19,686,000
計			24,905,500

○仕入金額の明細

ウエスト物産（株）	東京都新宿区新宿	TXXXXXXXXXXXX	2,133,000
（株）ヨドネット	大阪府大阪市西区	TXXXXXXXXXXXX	1,280,000
（株）サブライム	埼玉県さいたま市大宮区	TXXXXXXXXXXXX	1,057,000
クロダブシ（株）	東京都町田市小山町	TXXXXXXXXXXXX	743,000
			7,150,000
計			12,363,000

売上先、仕入れ先ごとの金額とその合計額を記入する。上記2ページ目と合計額が一致するようにする。

○減価償却費の計算

名称	数量	取得年月	取得価額	償却の基礎になる金額	償却方法	耐用年数	償却率	本年分の償却期間	本年分の償却費	事業専用割合	本年分の必要経費算入額	未償却残高	摘要
パソコン	2台	27.1	267,000	267,000					267,000	100	267,000	0	措法28の2
サーバー	1台	1	350,000	350,000	定額	6	0.167	12	58,450	100	58,450	291,550	
計									325,450		325,450	291,550	

○地代家賃の内訳（金額欄を除く）

事業で使用している割合を記入する。

翌年以降に繰り越す償却資産の残高を記入する。

その年の経費に算入する金額を記入する。

減価償却した資産については、定額法と定率法のどちらで計算するかを記入する。

その年で使用した期間を記入する。1年間使用したなら12/12、5か月使用したなら5/12となる。

基本知識 ▶ 実 践 ◀ ▶ 記入見本 ◀

Manage the money!

決算で1年間の「成績表」をつくろう！
1年間の業績を決算書にまとめる

決算で1年間の成績をつける

1年間の収入と支出を計算し、利益や損失の金額を明らかにすることを決算といいます。

1年間とは個人事業の場合、1月1日から12月31日までを指します。決算は、その後に行う確定申告にもつながっています。つまり、決算で導き出された数字に基づいて、納める税額も決まるのです。そのような点からも、決算は事業者にとって重要な業務の1つといえるでしょう。

決算結果をまとめた文書を決算書といいます。いわば事業の成果を示す「成績表」です。

決算書は損益計算書と貸借対照表の2種類

個人事業の場合、具体的には決算書として、損益計算書と貸借対照表の2種類を作成します。

まず、損益計算書とは、一年間の利益もしくは損失を示すものです。P/L（Profit and Loss Statement）と略称されることもあります。

一方、貸借対照表とは、期末時点（12月31日）における財産状況を明らかにするものです。B/S（Balance Sheet）とも呼ばれます。

それぞれのくわしい内容、記入方法については、181〜182ページを参照してください。

プラスの知識

もし余力があれば
キャッシュフロー計算書もつくってみよう

大規模な法人の場合は、損益計算書と貸借対照表のほかに、キャッシュフロー計算書という書類も作成することが義務づけられています。これは一定期間における、現金・預金の流れ（キャッシュフロー）を表すものです。現在のありのままのお金の動きを把握することができるので、資金繰りに役立ちます。もし余力があれば、個人事業でも作成してみましょう。

損失：決算を行った結果、発生した赤字。損失が大きかったり、あるいは毎年損失が出るような場合には、事業を維持できなくなるおそれがある。

損益計算書の構成とポイント

損益計算書は1年間の利益・損失を示すもの。1年間の売上、売上原価、経費の合計を記載し、利益あるいは損失を計上する。青色申告で提出する決算書には、下のような定型書式が用意されている。

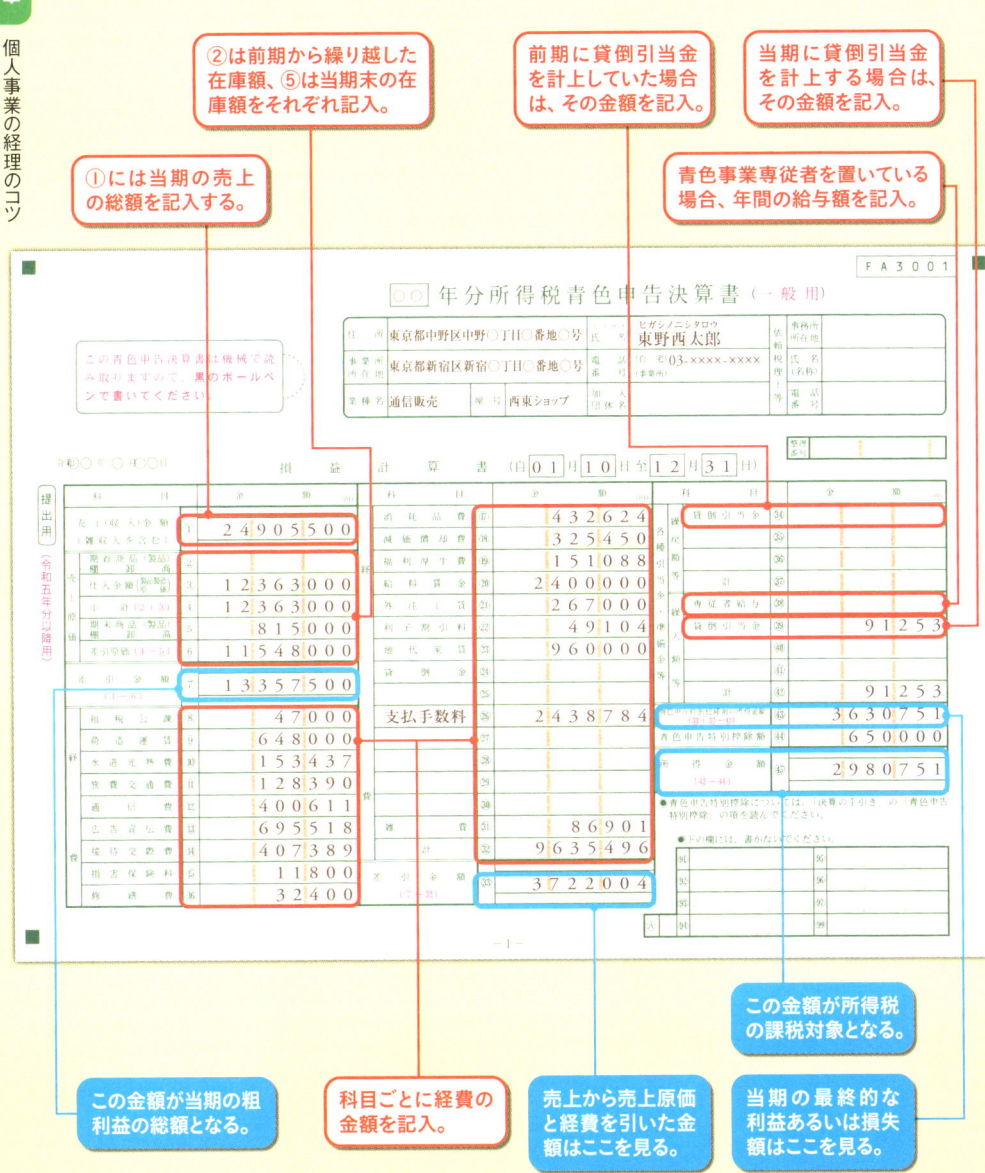

第5章 個人事業の経理のコツ

- ①には当期の売上の総額を記入する。
- ②は前期から繰り越した在庫額、⑤は当期末の在庫額をそれぞれ記入。
- 前期に貸倒引当金を計上していた場合は、その金額を記入。
- 当期に貸倒引当金を計上する場合は、その金額を記入。
- 青色事業専従者を置いている場合、年間の給与額を記入。

○○年分所得税青色申告決算書（一般用） FA3001

住所：東京都中野区中野○丁目○番地○号
氏名：東野西太郎（ヒガシノニシタロウ）
事業所所在地：東京都新宿区新宿○丁目○番地○号
電話：03-××××-××××
業種名：通信販売
屋号：西東ショップ

損益計算書（自 01月10日 至 12月31日）

科目	金額
①売上（収入）金額（雑収入を含む）	24,905,500
②期首商品（製品）棚卸高	
仕入金額（製品製造原価）	12,363,000
小計	12,363,000
⑤期末商品（製品）棚卸高	815,000
差引原価	11,548,000
⑦差引金額	13,357,500
⑧租税公課	47,000
⑨荷造運賃	648,000
水道光熱費	153,437
旅費交通費	128,390
通信費	400,611
広告宣伝費	695,518
接待交際費	407,389
損害保険料	11,800
⑯修繕費	32,400

科目	金額
消耗品費	432,624
減価償却費	325,450
福利厚生費	151,088
給料賃金	2,400,000
外注工賃	267,000
利子割引料	49,104
地代家賃	960,000
貸倒金	
支払手数料	
雑費	86,901
㉜経費計	2,438,784
㉝差引金額	9,635,496
	3,722,004

科目	金額
㉞貸倒引当金	
㊳専従者給与	
㊴貸倒引当金	91,253
㊶計	91,253
㊸青色申告特別控除前の所得金額	3,630,751
㊹青色申告特別控除額	650,000
㊺所得金額	2,980,751

- この金額が当期の粗利益の総額となる。
- 科目ごとに経費の金額を記入。
- 売上から売上原価と経費を引いた金額はここを見る。
- この金額が所得税の課税対象となる。
- 当期の最終的な利益あるいは損失額はここを見る。

貸借対照表の構成とポイント

貸借対照表は期末（12月31日）時点の財産状況を示すもの。現金や売掛金などの資産がいくらあるのか、買掛金や借入金などの負債がどの程度あるのかなどを示す。損益計算書と同じく、貸借対照表も青色申告用に下の定型書式が用意されている。

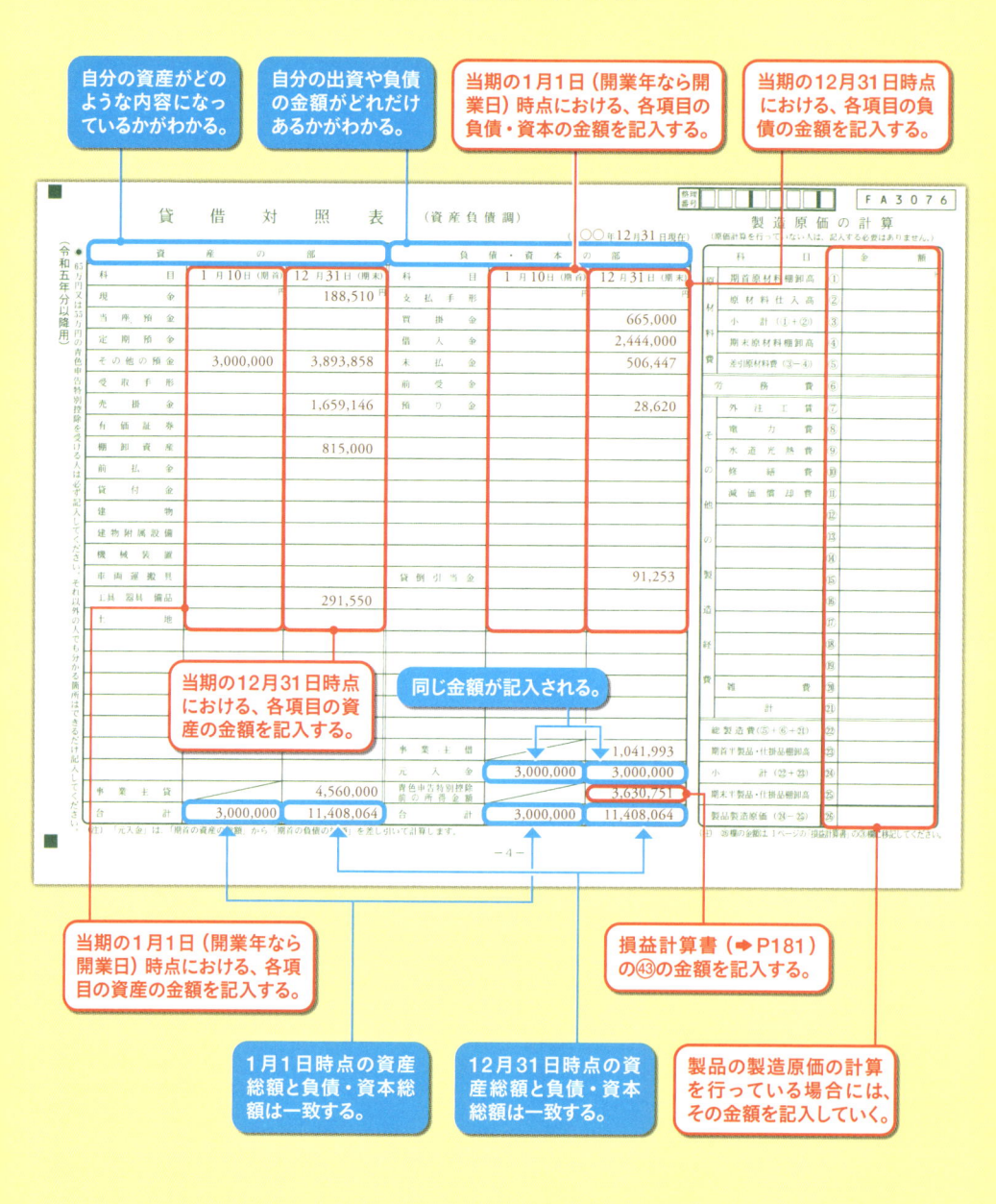

- 自分の資産がどのような内容になっているかがわかる。
- 自分の出資や負債の金額がどれだけあるかがわかる。
- 当期の1月1日（開業年なら開業日）時点における、各項目の負債・資本の金額を記入する。
- 当期の12月31日時点における、各項目の負債の金額を記入する。

貸借対照表（資産負債調） （○○年12月31日現在）　FA3076

資産の部

科目	1月10日(期首)	12月31日(期末)
現金		188,510
当座預金		
定期預金		
その他の預金	3,000,000	3,893,858
受取手形		
売掛金		1,659,146
有価証券		
棚卸資産		815,000
前払金		
貸付金		
建物		
建物附属設備		
機械装置		
車両運搬具		
工具 器具 備品		291,550
土地		
事業主貸		4,560,000
合計	3,000,000	11,408,064

負債・資本の部

科目	1月10日(期首)	12月31日(期末)
支払手形		
買掛金		665,000
借入金		2,444,000
未払金		506,447
前受金		
預り金		28,620
貸倒引当金		91,253
事業主借		1,041,993
元入金	3,000,000	3,000,000
青色申告特別控除前の所得金額		3,630,751
合計	3,000,000	11,408,064

製造原価の計算 （原価計算を行っていない人は、記入する必要がありません。）

科目	金額
期首原材料棚卸高	
原材料仕入高	
小計（1＋2）	
期末原材料棚卸高	
差引原材料費（3−4）	
労務費	
外注工賃	
電力費	
水道光熱費	
修繕費	
減価償却費	
雑費	
計	
総製造費（5＋6＋21）	
期首半製品・仕掛品棚卸高	
小計（22＋23）	
期末半製品・仕掛品棚卸高	
製品製造原価（24−25）	

—4—

- 当期の12月31日時点における、各項目の資産の金額を記入する。
- 同じ金額が記入される。
- 当期の1月1日（開業年なら開業日）時点における、各項目の資産の金額を記入する。
- 1月1日時点の資産総額と負債・資本総額は一致する。
- 12月31日時点の資産総額と負債・資本総額は一致する。
- 損益計算書（➡P181）の㊸の金額を記入する。
- 製品の製造原価の計算を行っている場合には、その金額を記入していく。

決算書で経営分析をしよう

決算書を見ることで、事業の状況や経営上の問題点を分析することができる。簡単にできる経営分析の例として、①〜④のような方法がある。

❶「売上高伸び率」は上がっているか

今年の売上高を前年の売上高で割り、1を引いたものに100をかけて求められる。売上高は損益計算書の①で示されている（➡ P181）。

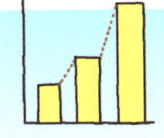

$$売上高伸び率（\%） = \frac{今年の売上高}{前年の売上高} - 1 \times 100$$

➡ 伸び率が高ければ、事業規模が拡大、成長しているといえる！

❷ 粗利益率はどれくらいの割合か

今年の粗利益を今年の売上高で割り、100をかけて求められる。
粗利益は損益計算書の⑦で示されている（➡ P181）。

$$粗利益率（\%） = \frac{今年の粗利益}{今年の売上高} \times 100$$

➡ 官公庁などが公表している業種ごとの平均粗利益を比較して、自分の粗利益率が大きく下回っているなら売上原価（変動費）がかかりすぎている可能性がある。

❸ 元入金はマイナスとなっていないか

貸借対照表の元入金は、会社の「資本」にあたるもの。元入金は貸借対照表の「負債・資本の部」に示されている（➡ 右ページ）。

事業主借	1,108,213	
元 入 金	△887,256	△887,256
青色申告特別控除前の所得金額		2,850,733

➡ 元入金がマイナスになっていると、資産よりも負債が多いことを意味し、金融機関からの融資を得にくくなる。

❹ 売上高と比べて売掛金が多額になっていないか

売掛金と売上高を比較する。売掛金は貸借対照表の「資産の部」に（➡ 右ページ）、売上高は損益計算書の①で示されている（➡ P181）。

$$40\% \leq \frac{売掛金\ 9,201,500}{売上（収入）金額\ 21,501,000} \times 100$$

➡ 売掛金が売上高の4割以上になっている場合には、資金繰りがきびしくなるおそれがある。

元入金：事業運営の資金として期首（1月1日時点）で確保したお金のこと。決算で確定した利益がそのまま元入金として翌期に繰り入れられるので、前期の利益が多いほど、元入金は増えていく。

ケーススタディ 5

売上はあるのに**黒字体質**にならない

[利益を出すために固定費を見直す]

――うーん…どうしてだろ～

（Gさん）

大手並みの最新設備！
好待遇でスゴ腕のマッサージ師を用意
大々的な広告宣伝！
駅前という好立地！

お客さんも入ってるし売上もわるくない

「ご予約ですね♪」「いらっしゃいませ～」

なのになぜなかなか黒字にならないんだろう？

フシギだ…

（損益：黒字／赤字）

原因　固定費がかかりすぎているのかも？

ライバル店と価格帯やサービスの品質に大きな違いはなく、客の入り具合もほとんど変わらない。でもウチはなかなか黒字化しない……、Gさんと同じような疑問をもつ個人事業者は少なくないでしょう。

このような場合の多くは、**固定費の中に無駄が多すぎる**ことが原因となっています。たとえば、**店舗の賃料が高すぎる、人件費がかかりすぎている、過剰に広告宣伝にお金をかけている**などです。

これらの原因は数字を分析することで、突きとめることができます。そのような正しいアプローチをせずに、「がんばっていれば、いつかは黒字を出せるようになるだろう」などと思っていたら、さらに状況が悪化してしまうでしょう。

固定費を削減する方法

❶ 家賃を見直す

適正家賃
売上高の10％程度

大幅にオーバーしていたら →

- オフィスや店舗を家賃の安いところへ移す。
- オーナーと交渉して家賃を下げてもらう。

❷ 人件費を見直す

適正人件費
売上高に対して
飲食業 → 約30〜40％
小売業 → 約10〜30％
サービス業 → 約30〜50％

大幅にオーバーしていたら →

- 人数や賃金を減らす。
- 正社員ではなく、アルバイト・パートの利用に切り替える。
- 従業員の残業を減らし、残業代を削減する。

❸ 広告宣伝費を見直す

適正広告宣伝費
売上高に対して
飲食業 → 約1〜5％
小売業 → 約1〜5％
サービス業 → 約5〜10％

大幅にオーバーしていたら →

- 高額な広告宣伝費を削る。
- チラシ配りやポスティング、路上看板など、安価で成果の出やすい方法に絞る。

対策　まずは固定費が適正か見つめ直してみる

最初に、固定費が適正かを見直してみましょう。とくに大きなものは、家賃や人件費などです。

たとえば、**適正家賃は売上の10％程度**といわれています。これ以上にかかっているのであれば、**家賃がより安いところへの引っ越し**を検討してみましょう。

また、人件費については、売上や業務量に対して人数や賃金が見合っているかを検討し、**適正な人数や賃金にする**必要があります。人件費にしても、**小売業では売上の10〜30％、飲食業では30〜40％**などというように、平均的な数字は業種によって大きく異なります。そこで自分の業種の平均値や適正値を調べて、現在の数字と比べて高いのか低いのかを分析してみましょう。

ケーススタディ 6

経費計上の仕方で税金のがれを疑われた
[家事按分での節税の仕方]

台詞（マンガ部分）

- この前いいことに気づいたんだ！（Hさん）
- 営業代行という仕事柄、日中は家にいないけど…
- 事務作業なんかは事務所兼用の自宅でやっているわけだから
- 家賃・水道光熱費・通信費・ガソリン代・飲食代なんかは全部経費でいいんだよね？
- なんでみんなやらないのかな？
- そうしたら税金が浮くんだ！
- 申告内容についてお話が…（税務署員）
- エッ!?

原因　経費にできる範囲を理解していなかった

　Hさんは自宅を事務所としていたことから、水道光熱費や通信費、家賃などをすべて経費として計上していました。

　しかし、自宅は仕事だけでなく日々の生活のためにも使っています。つまり、いくら仕事場としていても、自宅に関わる費用のすべてを経費にすることはできないのです。それにもかかわらず、私用分も含めて経費としたことが、税務署からの疑いを招く原因になってしまったのです。

　ほかにも、事業には関係ない家具・電化製品の購入費、事業で使うと称して買った外国製のスポーツカーの購入費、事業には必要ないと思われるような海外出張の費用などを経費計上すると、税務署から税金のがれを疑われる可能性があります。

家事按分の計算方法

❶ 家賃の例 仕事に使っている面積をもとに計算。

例
- 家賃は年間120万円。
- 50㎡のマンションのうち、25㎡を仕事場としている。

120万円×25㎡÷50㎡＝**60万円** を経費として申告！

❷ ガソリン代の例 仕事に使っている日数をもとに計算。

例
- ガソリン代は年間60万円。
- 1週間のうち5日間、仕事に使用。

5日÷7日＝約0.7 → **70%** を経費とみなす

60万円×0.7＝**42万円** を経費として申告！

❸ 通信費の例 仕事に使っている時間から計算。

例
- インターネット料金は年間で10万円。
- 週5日間、仕事でインターネットを使う。

5日÷7日（1週間）＝約0.7 → **70%** を経費とみなす

10万円×0.7＝**7万円** を経費として申告！

※これらはあくまで一例で、さまざまな計算方法がある。

対策 家事按分（あんぶん）の計算をすることが必要

自宅で仕事をしている場合、水道光熱費や通信費、家賃などを経費として計上するには、**事業分と私用分を分けて計算**しなくてはいけません。これを**家事按分**といいます。

もっとも、家事按分の計算方法において、明確なルールはありません。各費用において、どのような方法で計算しても何割が仕事のために使ったもので、残りの何割が私用で使ったものかを税務署に対して合理的に説明できることが重要になります。

たとえば電気料金の5割を経費として計上するのであれば、「自宅にいる時間の50％は仕事をしている」など、税務署から問われたときに、5割という数字がどのような根拠で計算されたのかを説明できなくてはいけません。

成功のヒント 5

「専門家の力を頼って不安や悩みを解消する」

いざ夢や志を抱いて独立開業を決意しても、さまざまな不安や悩みを抱えて、思うように一歩を踏み出せなくなる人は少なくありません。

開業や各種許認可の届出は無事に通るのか、安定して仕事を受注できるのか、経理や確定申告・納税などを正しく行っていけるのか、人を雇う際に給与や保険料はどう計算すればいいのかなど、不安や悩みの種は枚挙にいとまがありません。

これらのような壁にぶつかったとき、周囲に相談できる人がいるかどうかは大切です。むしろ、**そういった相手が不在のまま開業してしまうことは、とても危険だ**と言えます。

そこで、公的機関や専門家の力を頼ることを検討してみましょう。

公的機関としては、各地の地方自治体や商工会議所で、独立開業を目指している人を対象とした無料の相談会などを定期的に開いています。

経理や確定申告・納税などについては税理士、開業や許認可の届出などについては行政書士、雇用や社会保険などについては社会保険労務士といった具合に、それぞれの分野で資格をもった専門家がいます。

また、**事業計画や経営のことで助言をしてくれる存在として、経営コンサルタント**がいます。いずれも初回相談は無料のところも多いので、わからないことが出てきたら積極的に活用してみましょう。

第6章

個人事業と税金

事業によって利益が出たら、所得税などの税金を納める必要があります。
所得税と消費税は確定申告時に自分で計算し、
納付することになります。
基本的な税金のしくみと計算の仕方、
手続き方法を理解しておくようにしましょう。

基本的なことは勉強しました

住民税と事業税は事業者が計算や申告をする必要はありませんが

節税の裏テク知ってんでしょ〜

失敗したときは正直

「先輩のせいだ!」って思いました

〇〇税務署
AX OFFICE
あれ？
吉村さん？
② 納付の相談
徴収部門
どうしたんですか？
こんなところで
事業再開の手続きにな
神田さんこそ何してんだ？
何って…
確定申告ですよ
えっ
神田さんが確定申告!?
私を何だと思っているんですか…
納税について私なりに勉強したんです！

✓ Check! 個人事業者が納めるおもな税金

❶ 所得税（国税）
事業等で得た所得に対して課されるもの。

❷ 消費税（国税と地方税）
国内で商品の販売やサービスの提供などの取引に対して課されるもの。

❸ 住民税（地方税）
地方自治体が行う行政サービスに必要な経費をまかなうために、居住者に対して課されるもの。

❹ 事業税（地方税）
法律で定められた事業を行っている事業者に対して課されるもの。

個人事業者が納める税金はおもにこの4つ！

---

❶所得税と❷消費税は確定申告で申告して納付するものです

❸住民税と❹事業税は確定申告をもとに各自治体から納税通知書が送られてくるからそれにしたがって納付すればOK！

じゃ…じゃあ所得税がどんな税かわかってるか？

所得税とは事業等で得た所得に対して課されるもので、その所得とは収入（売上）から必要経費を差し引いたもの！

ふふ　提出物もバッチリですよ！

Check! 確定申告に必要な書類

▶ **すべての人**
確定申告書（個人事業者はB様式）

▶ **青色申告を選択している人**
青色申告決算書

▶ **所得控除を受ける人**
各所得控除に必要な書類。たとえば社会保険料控除なら、社会保険料（国民年金保険料）控除証明書など。

確定申告書にはA様式とB様式の2種類があって

個人事業者はB様式を使用します

B様式には「第一表」や「第二表」などがあります

必要な書類はそろってるようだな…

おぉ…

でもここの税額の計算を間違えてるぞ

ホントだ…直すの手伝ってください！

まったく…

はは 彼女らしいですね

私も確定申告の準備はだいたい終わっていますよ

すっかり常連

さすがだな

住民税と事業税は事業者が計算や申告をする必要はありませんが

基本的なことは勉強しました

Check! 住民税の計算方法

① 所得割
前年の課税所得×10%
（内訳：都道府県税4％＋市区町村税6％）

＋

② 均等割
税額は所得金額に関係なく定額。税額は地方自治体によって異なる。

↓

住民税の納税額

住民税も事業税も地方自治体が行う行政サービスの経費をまかなうためのもの

住民税は左の図のように事業税は下の図のように計算します

翌年の納税分を確保しておく

先を見越した対処が大切だな

Check! 事業税の計算方法

(前年の事業所得 － 事業主控除290万円)
× 法定事業ごとの税率※ ＝ 事業税額
※くわしくは➡P217

住民税も事業税も前年の所得を踏まえて計算されるから

売上がよかった年の翌年は気をつけないとですね

しかし

松山さんも神田さんも成長したな！

もうオレの出る幕はないのかもな…

そんなことないですよ！まだまだ教えてほしいことだらけです！

でも…私も神田さんも吉村さんに頼りきりではいけないと思ったんです

Mr.BAR tender

……？

フ…

RRRRR…

おや…神田さんからですね

神田綾子

話があるからすぐにバーに来て下さい！！

✂ Check!
節税のポイント①
優遇税制を活用する

優遇税制とは、一定の要件を満たした法人や個人に対して、その税負担を軽くするもの。国などの政策の一環として、景気動向や社会情勢に応じて実施される。

Point!
優遇税制は、期間を限定して行われること（時限措置）が多いので、自分が活用できる制度がないか、国税庁のホームページなどで探してみよう。

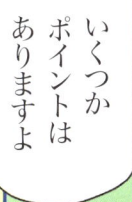

> 節税の裏テク知ってんでしょ〜

> 裏テクは知りませんが……

> いくつかポイントはありますよ

> 呼び出しておいて……

> つまり決められた要件を満たした使い方をすることで**課税所得を減らせる**わけですね

> それと節税を考えるなら**経費**をよく考えたほうがいいですよ

> ただし架空の経費を計上すると「脱税」になるのでくれぐれも行わないように！

✂ Check!
節税のポイント② ささいな経費も計上する

経費が増えるほど所得は低くなるので、課税される税額も少なくなる。見落としている経費がないか、細かくチェックしよう！

▶ **福利厚生費**
香典・祝い金　　従業員との飲食代

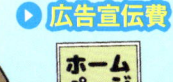

▶ **広告宣伝費**
ホームページ制作費　　チラシ代

▶ **荷造運賃**
ダンボール代　　郵送代　　ガムテープ・ヒモ代

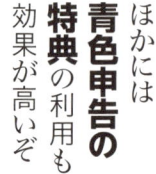

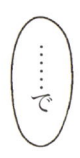

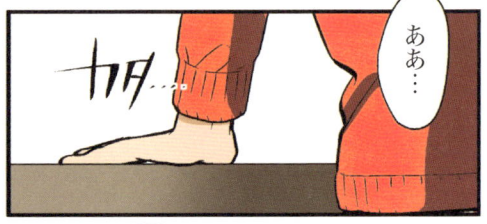

> ⚑ Check!
> ## 節税のポイント③ 青色申告の特典を利用する
>
> **青色申告特別控除**
> 確定申告時に複式簿記による帳簿を添付することで、最高65万円の所得控除が受けられるので、所得税を減らせる!
>
> **純損失の繰戻し**
> 前年も青色申告の場合、当年の損失額を前年分の所得金額に繰り戻して、所得税の還付を受けることができる!
>
> **純損失の繰越し**
> 事業で生じた純損失を3年にわたって、各年分の所得金額から差し引くことができる!

ほかには青色申告の特典の利用も効果が高いぞ

どれも所得税の節税に役立つものだからぜひ利用するといい

なるほど
メモメモ…

……で
話ってなんだ?

ああ…

お待たせしました

カタ……

ちょっと待ってください

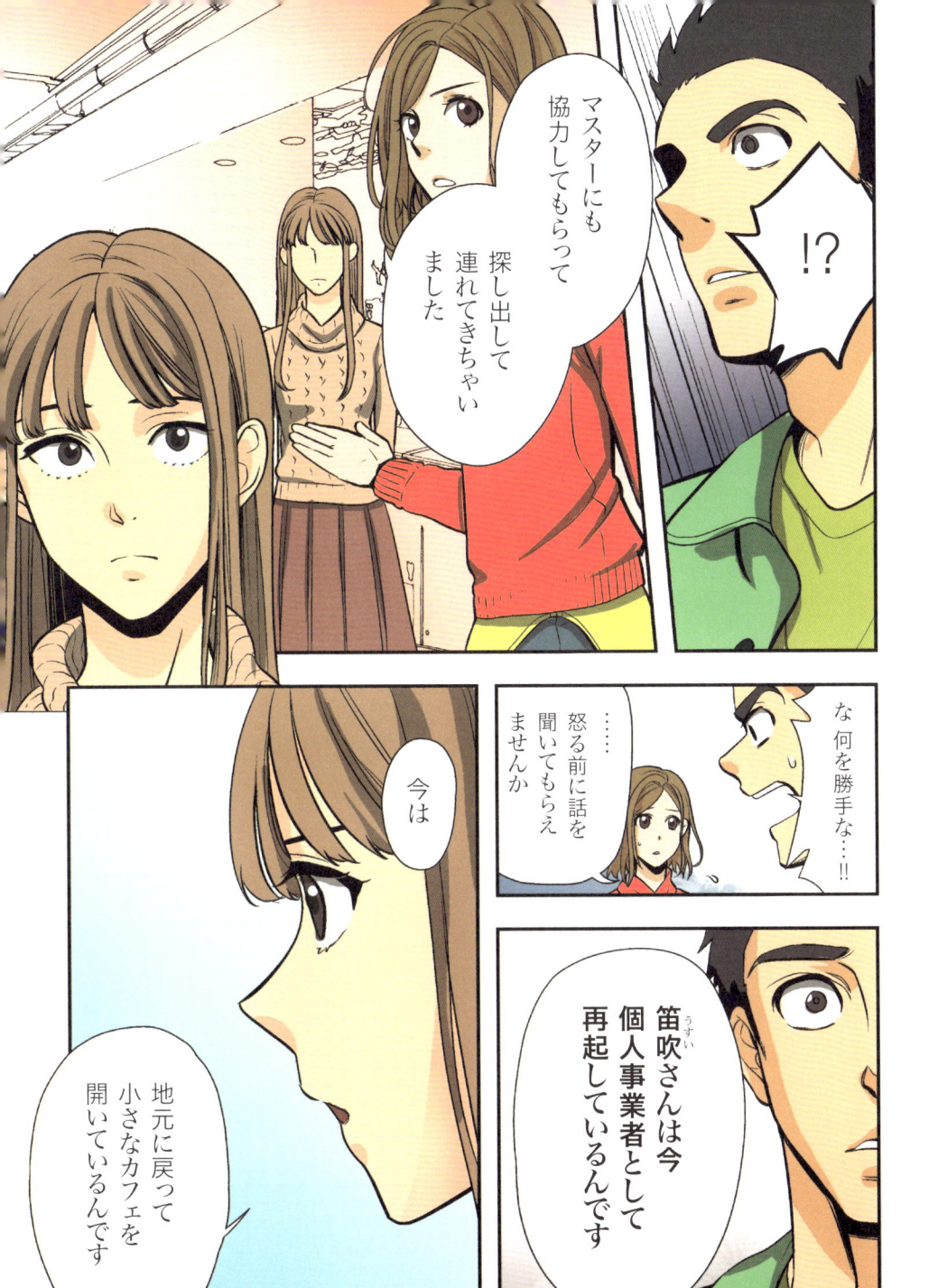

マスターにも協力してもらって探し出して連れてきちゃいました

!?

な何を勝手な…!!

……怒る前に話を聞いてもらえませんか

今は地元に戻って小さなカフェを開いているんです

笛吹(うすい)さんは今個人事業者として再起しているんです

……

「先輩のせいだ！」って思いました

失敗したときは正直

あのとき…

でも今は先輩のこと恨んでいたりしません

先輩のアドバイスあのときは理解できなかったけど…

今思えば大切なこともたくさんあったってわかってきたんです

失敗したことも含めて

全部がいい勉強になったと思っています

おかげで今はうまくいっているんです

近所でも評判のお店です♪

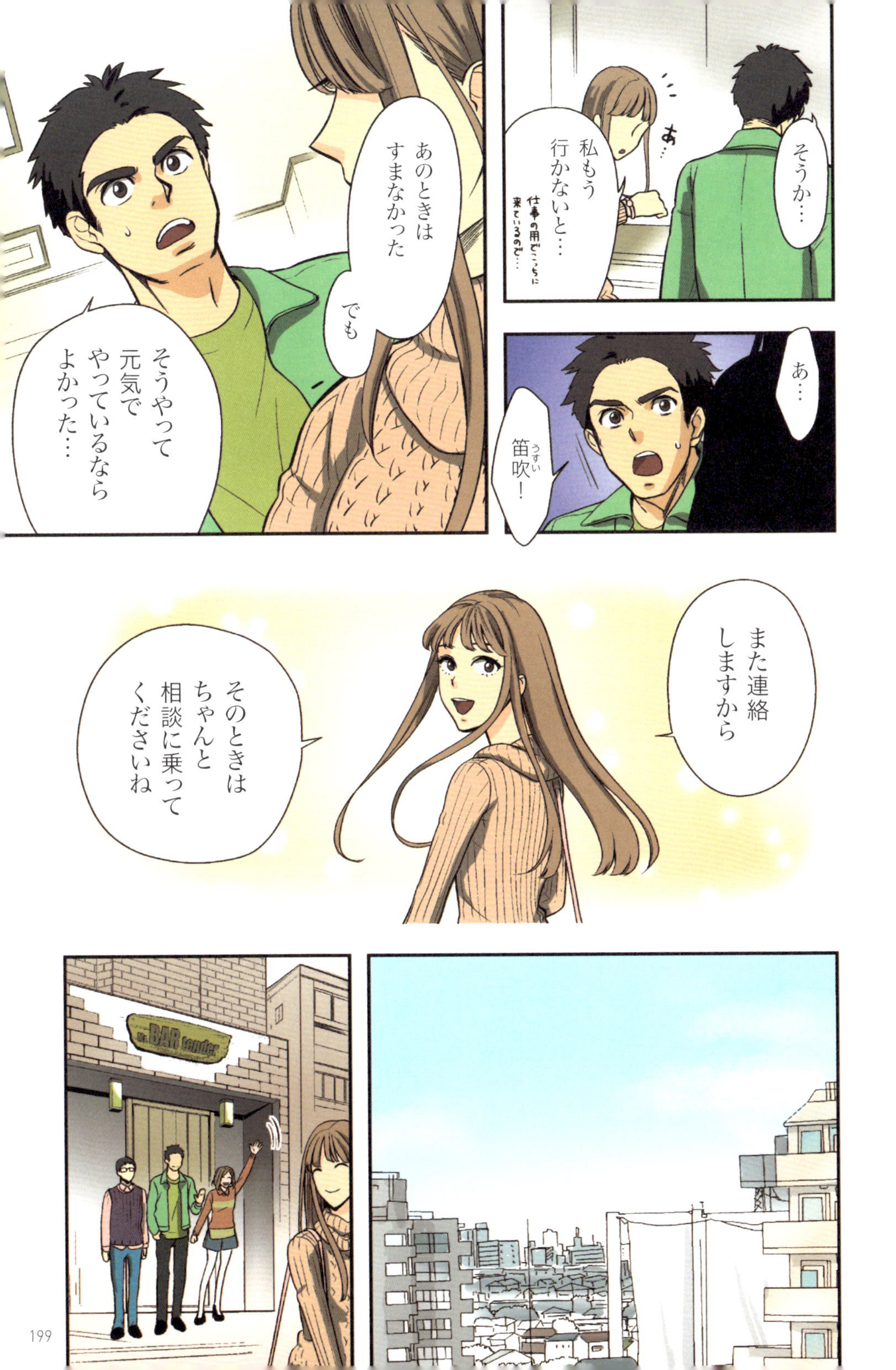
そうか…
あ…
私もう行かないと…
仕事の用でこっちに来ているので…
あ…
笛吹（うすい）！
あのときはすまなかった
でも
そうやって元気でやっているならよかった…
また連絡しますから
そのときはちゃんと相談に乗ってくださいね
Mr. BAR tender

吉村さん勝手なことしてごめんなさい…

いや…ありがとう神田さん

私 起業して思うんですけど

個人事業って本当に正解のない世界で

自分なりの答えを探しながらひとり大海原を航海し続けるようなものだと思うんです

そんな中で私は吉村さんや松山さんに出会えて

何とか航海を続けられている

夢を追い続けられているんです

そうですね

吉村さんがいなければ私はきっと今もまだ起業さえできていなかったと思います

だから今度は吉村さんがもう一度夢に向かう姿を見せてください

私も見たいです

神田さん

松山さん…

ありがとう…！

「個人」事業者であってもひとりではない

ふたりとも転覆する前にオレを頼れよ

はい！

今後ともよろしくお願いします！

あっでもコンサル料は今まで通りタダですよね!?

助かります！

まだまだ借金が残っているので…

お前ら…

For taxes!
▶ 基本知識 ◀
実 践
記入見本

個人事業にかかる税金

それぞれの税金の納め方と時期を押さえる

個人事業者が納める税金はおもに4種類

税金について、会社勤めをしていた人は給料から天引きされる形で徴収されていたので、申告や納付を意識することはなかったという人のほうが多いかもしれません。

個人事業では、自分で税務署に確定申告を行う必要があります。そのため、納付すべき税金の納付時期、必要な手続きについて理解しておくようにしましょう。

個人事業で納めるおもな税金の種類としては、①所得税、②消費税、③住民税、④事業税があります（↓下図）。

税金によって申告や通知、納付時期などが異なる

①～④の税金のうち、所得税と消費税は、事業者が税額の計算と申告を行う必要があります。

一方、住民税と事業税は所得税の申告をもとに課税されるしくみになっています。納税通知書と納付書が送られてくるので、その書面に記載されている金額の税金を納めることになります。

それぞれで申告や通知、納付の時期が異なります。資金繰りにも影響するので、納付時期がせまってあわてなくて済むよう事前に把握し、準備しておくようにしましょう。

《 おもな税金の納付先と納税方法 》

所得税と消費税は自ら税額を計算し、申告・納付する。住民税と事業税は届いた納税通知書に従って納付する。

種類	納付先	申告の必要	納税通知書
所得税	国	あり	なし
住民税	都道府県・市区町村	なし	あり
事業税	都道府県	なし	あり
消費税	国・都道府県	あり	なし

天引き：給料の支払いなどの際に、税金や保険料などを事前に差し引くこと。給料に関しては、原則として法令で認められているものしか天引きできない。

個人事業に関わる税金のスケジュール

①所得税、②消費税、③住民税、④事業税について、それぞれの納付方法と申告・納付期限を押さえて、納付し忘れないように気をつけよう。

1 所得税（国税）
納付方法
事業者が計算し、**確定申告**で申告し、納付。
申告・納付期限
2月16日〜3月15日

2 消費税（国税と地方税）
納付方法
事業者が計算し、**確定申告**で申告し、納付。
申告・納付期限
2月16日〜3月31日

3 住民税
納付方法
税額は確定申告をもとに決定。各自治体から**納税通知書**と**納付書**が送られてくる。
納付期限
6月、8月、10月、翌1月の末日の計4回
市町村民税（東京23区では特別区民税）と道府県民税（東京都では都民税）がある。

4 事業税（地方税）
納付方法
税額は確定申告をもとに決定。各自治体から**納税通知書**と**納付書**が送られてくる。
納付期限
8月と11月の末日の2回

納税通知書：住民税や事業税などの納付額と納付時期を知らせるための書類。納税者の所得金額と、それに対する納税額などが記載されている。

For taxes!

基本知識
▶ **実　践** ◀
記入見本

所得税の計算の仕方

自分で計算して申告、納付できるようになろう！

収入＝所得ではないことに気をつける

　所得税は、個人が1年間（1月1日から12月31日まで）に得た所得に対し課税されるものです。

　所得は、収入（売上）から経費を引いて求められます。 たとえば、収入が100万円であり、それを得るために使った経費が30万円であれば、所得は70万円となります。「収入＝所得」ではないことをしっかりと理解しておきましょう。

　所得を得る形はさまざまです。事業から得られる**事業所得**をはじめ、**不動産所得**（不動産の貸付などによる所得）、**利子所得**（預貯金などの利子による所得）、**配当所得**（株式などの配当による所得）、**給与所得**などがあります。

　それぞれで収入から必要経費を差し引いて、所得を計算します。

　所得税は、これらの所得を合計した金額をもとに計算されます。所得税は**事業者自身で計算して、申告と納付を行うので正しい計算方法を理解しておく必要があります。** 具体的な計算方法は左ページの図を見てください。

　なお、所得の中には政策上の理由などにより、課税されないものもあります。非課税所得といって、たとえば<mark>遺族年金</mark>や<mark>失業給付金</mark>などがあります。

プラスの知識

復興特別所得税ってなんだろう？

　2013年1月1日から2037年12月31日までは、通常の所得税に上乗せして復興特別所得税が徴収されます。2011年に起こった東日本大震災の復興支援の財源を確保するために導入された税制度で、税率は所得税額の2.1％になります。確定申告をすれば自動的に徴収されることになるので、申告・納付のために手続きは不要ですが、通常よりも上乗せされて徴収されていることは知っておきましょう。

遺族年金：公的年金の被保険者や老齢基礎年金の資格期間を満たしている人が死亡した際に、遺族に対して支給される年金のこと。

所得税の計算方法をチェックしよう

所得税額は課税所得金額に所得税率をかけ、所得税速算表（→下図）の控除額を差し引いて求める。税額控除があればそこから差し引く。2013年からは、復興特別所得税（2.1%）が上乗せされている。

Step 1 所得金額を計算する

所得金額 ＝ 収入金額 － 必要経費

事業所得、**不動産所得**、**利子所得**、**配当所得**、**給与所得**など各所得を個別に計算し、合計する。青色申告を選択している場合は、事業所得の収入金額から青色申告特別控除（→P103）も差し引く。

Step 2 所得控除額を計算する

所得控除額 ＝ 扶養控除 ＋ 社会保険料控除 ＋ 生命保険控除 などの合計

扶養控除、**社会保険料控除**、**生命保険料控除**など各種の所得控除を個別に計算し、合計する。所得控除とは、税負担を軽くする配慮から、所得から差し引ける金額のこと（→P206）。

Step 3 課税所得金額を計算する

課税所得金額 ＝ 所得金額 － 所得控除額

所得金額からStep2で求めた所得控除額を差し引く。

Step 4 所得税額を計算する

所得税額 ＝ (課税所得金額 × 所得税率 － 控除額 －（税額控除）) × 1.021

税額控除
住宅ローンを利用したときに控除できる**住宅ローン控除**、配当所得があるときに差し引ける**配当控除**など。

●所得税速算表

課税される所得金額	税率	控除額
195万円以下	5%	0円
195万円を超え330万円以下	10%	97,500円
330万円を超え695万円以下	20%	427,500円
695万円を超え900万円以下	23%	636,000円
900万円を超え1,800万円以下	33%	1,536,000円
1,800万円を超え4,000万円以下	40%	2,796,000円
4,000万円超	45%	4,796,000円

失業給付金：雇用保険による給付の1つで、被保険者が自己都合による退職や定年、倒産、解雇、契約期間の満了などによって離職した場合に支給されるもの。

For taxes!

▶ **基本知識** ◀
実　践
記入見本

所得控除の制度を利用する

所得から差し引いて税額を減らすことができる制度がある！

所得控除が多ければ税金が少なくなる

所得控除は、所得から所定の金額を差し引く制度で、納税者の事情などを考慮して税負担を軽くする制度です。**所得控除の額が大きければ大きいほど課税対象になる所得が減る**ので、税金も少なくなります。

所得控除は、基礎控除をはじめ、対象となるための要件をそれぞれ満たす必要があります（→右ページ）。

所得控除と間違いやすいものに、税額控除（→P205）があります。税額控除は所得ではなく、税金から差し引かれるものなので、所得控除とは意味合いが異なります。

人的控除と物的控除の2種類がある

所得控除は、①**人的控除**と②**物的控除**の2種類に分けられます。

①**人的控除**には、配偶者控除や扶養控除など基本的に誰でも受けられるものと、障害者控除や寡婦（かふ）控除など要件に当てはまる人の税負担を軽くするためのものがあります。一方、②**物的控除**には、社会保険料控除や雑損控除などがあります。

それぞれのくわしい内容は左ページの図を見てください。また、ここに挙げた以外にも、さまざまな所得控除があります。国税庁のホームページなどで確認してください。

プラスの知識

家族がいれば控除が多くなる

家族がいる場合、配偶者控除と扶養控除は必ずチェックしましょう。配偶者控除は「妻」だけではなく「夫」についても、扶養控除は配偶者や子だけではなく、父母や祖父母などを扶養している場合にも当てはまります。社会保険料控除は本人だけではなく、生計をひとつにする配偶者や親族の分についても支払っていれば控除することができます。

雑損控除：災害または盗難もしくは横領によって、一定の資産について損害を受けた場合などに受けることができる所得控除。

おもな所得控除の種類

▶ 人的控除

種類	対象	控除額
基礎控除	合計所得金額2,400万円以下 2,400万円超2,450万円以下 2,450万円超2,500万円以下 2,500万円超	→48万円 →32万円 →16万円 → −
配偶者控除	合計所得金額48万円以下の配偶者（控除対象配偶者）がいて、納税者の合計所得金額1000万円以下の場合	・控除対象配偶者が70歳未満 →13〜38万円 ・控除対象配偶者が70歳以上 →16〜48万円
配偶者特別控除	合計所得金額48万円超133万円以下の配偶者がいて、納税者の合計所得金額1000万円以下の場合	1〜38万円
扶養控除	合計所得金額48万円以下の親族等（扶養親族）がいる場合。1人につき、左記の金額が控除される	・扶養親族が16歳以上19歳未満 →38万円 ・扶養親族が19歳以上23歳未満 →63万円 ・扶養親族が23歳以上70歳未満 →38万円 ・同居以外の扶養親族が70歳以上→48万円 ・同居の扶養親族が70歳以上→58万円
ひとり親控除	本人の合計所得が500万円以下で、事実上婚姻関係にある人がおらず、扶養する子がいる場合	35万円
寡婦控除	本人の合計所得が500万円以下で、「ひとり親」に該当せず、次のいずれかに当てはまる場合 1. 夫と離婚後、婚姻しておらず、扶養親族がいる人 2. 夫と死別後、婚姻をしていない人または夫の生死が明らかでない一定の人	27万円

▶ 物的控除

種類	対象	控除額
社会保険料控除	社会保険料（健康保険、国民年金など）を支払った場合	支払った社会保険料の全額
生命保険料控除	生命保険料や介護医療保険料、個人年金保険料を支払っている場合	①最高10万円（2011年末以前に締結した保険契約） ②最高12万円（2012年以降に締結した保険契約）
医療費控除	納税者自身や生計を一にする配偶者、扶養親族の医療費を支払った場合	①医療費の合計額−保険金等で補填される金額−10万円 ②総所得金額等×5％ →①と②のうち金額が低いほう（最高200万円）
小規模企業共済等掛金控除	小規模企業共済掛金などを支払った場合	支払った掛金の全額

所得税の確定申告書を作成する

必要な書類を忘れないように気をつけよう！

For taxes!
基本知識
▶ 実 践 ◀
▶ 記入見本 ◀

申告・納税期限を守って納税する

所得税は、1年間で得た所得を自分で計算し、申告して納めます。この所得を確定させ、申告する作業を**確定申告**といいます。

確定申告には、**青色申告と白色申告**があります（→P102）。青色申告では青色申告決算書を提出する必要がありますが、基本的な確定申告の流れはどちらも同じです。

具体的には、確定申告書や所得控除を証明する書面（控除証明書）などの書面を申告期限までに提出し、納税期限までに税金を納めます。申告書などの提出先も税金の納付先も、ともに税務署になります。申告期限は2月16日から3月15日まで、納税期限は3月15日までです。

個人事業者はB様式で作成する

確定申告書には、A様式（確定申告書A）とB様式（確定申告書B）の2種類があります。A様式は会社員や年金生活者を対象としたもので、**個人事業者はB様式の申告書を使います**。

B様式は、おもに「第一表」と「第二表」があります。青色申告の場合には、青色申告決算書の内容を転記するだけなので、記入自体はそれほど面倒ではありません。

プラスの知識

記入漏れや添付書類の忘れがないか確認しよう

申告書は手元に保存しておく「控用」と、税務署に提出する「提出用」の2通を作成します。税務署に提出する際は、記入漏れや印鑑の押し忘れがないか、==控除証明書==や源泉徴収票などが添付されているかを確認しましょう。申告書の提出は窓口に直接持参するだけでなく、郵送でもOKです。ほかにはe-Tax、夜間や休日に、時間外文書収受箱に投函することも認められています。

控除証明書：社会保険料や生命保険料など、各種控除の対象となる費用を支払ったことを証明する文書。通常、費用を支払った機関や会社などから交付される。

確定申告時に提出・添付・提示する書類

確定申告を行う際に、提出や添付が必要な書類は以下のとおり。自分の申告に必要な書類がどれかをチェックして漏れなく添付しよう。

すべての人

確定申告書（個人事業者はB様式）
- 対象〉青色申告の場合　☐ 青色申告決算書
- 対象〉白色申告の場合　☐ 収支内訳書

→ 確定申告書といっしょに提出

社会保険料控除
- 対象〉社会保険料を支払った場合
- ☐ 社会保険料（国民年金保険料）控除証明書など

医療費控除
- 対象〉自分や配偶者、扶養親族の医療費を支払った場合
- ☐ 医療費の領収書など、医療費の明細書

雑損控除
- 対象〉災害や盗難、横領などで損害が生じた場合
- ☐ 災害等に関連してやむを得ない支出をした金額についての領収書

小規模企業共済等掛金控除
- 対象〉小規模企業共済の掛金を支払った場合
- ☐ 支払った掛金額の証明書

生命保険料控除
- 対象〉生命保険料などを支払った場合
- ☐ 生命保険料控除証明書

地震保険料控除
- 対象〉地震保険料などを支払った場合
- ☐ 地震保険料控除証明書

寄附金控除
- 対象〉国や地方自治体などに寄附金を支払った場合
- ☐ 寄附金の領収書など

勤労学生控除
- 対象〉納税者自身が学生で、所得65万円以下かつ勤労以外の所得10万円以下の場合
- ☐ 学校などから交付を受けた証明書

> これらの控除証明書は添付書類台紙などに貼って、申告書といっしょに提出する

> **注意！**
> 確定申告書は2部作成し、1部は窓口で収受印を押してもらって手元にとっておく。郵送の場合は、返信用封筒も同封すると、1部に収受印が押されて返送されてくる。

小規模企業共済：個人事業者が事業を廃止した場合などに、それまで積み立ててきた掛金に応じた共済金を受け取れる制度。個人事業における退職金の役割を果たしている。

B様式の第一表と第二表の記入例

青色申告決算書（→P181、182）を見ながら、必要事項を記入していこう。

事業の総売上金額を記入。 青色申告決算書の「①売上（収入）金額」を転記。

申告の種類を○で囲む。

「課税所得金額」をもとに所得税額算出する（→P205）。

所得の合計額から所得控除の合計額を差し引いた金額を記入（1,000円未満切り捨て）。

配当控除などがある場合は、㉛からそれらの額を差し引いた金額を記入。

災害減免額がなければ、㊶の金額をそのまま記入。

○○税務署長
○年2月16日
○○　令和　年分の所得税及び復興特別所得税の確定申告書　第一表（令和五年分以降用）

納税地　〒164-0000　個人番号 XXXXXXXXXXXX 生年月日 ×××.××.××
現在の住所又は居所　東京都中野区中野　フリガナ ヒガシノ ニシタロウ
事業所等　○丁目○番地○号　氏名　東野　西太郎
○年1月1日の住所　同上　職業　通信販売業　屋号・雅号　西東ショップ　世帯主の氏名　東野 西太郎　世帯主との続柄　本人
電話番号 自宅・勤務先・携帯 03-××××-××××

種類　〇分離 国出 損失 修正 特農の表示　整理番号

	収入金額等		
事	営業等	㋐	24905500
業	農業	㋑	
	不動産	㋒	
	配当	㋓	
	給与	㋔	
雑	公的年金等	㋕	
	業務	㋖	
	その他	㋗	
総合譲渡	短期	㋘	
	長期	㋙	
	一時	㋚	

	所得金額等		
事	営業等	①	2980751
業	農業	②	
	不動産	③	
	利子	④	
	配当	⑤	
	給与	⑥	
雑	公的年金等	⑦	
	業務	⑧	
	その他	⑨	
⑦から⑨までの計		⑩	
総合譲渡・一時 ㋘+｛(㋙+㋚)×½｝		⑪	
合計 ①から⑥までの計+⑩+⑪		⑫	2980751

所得から差し引かれる金額		
社会保険料控除	⑬	427018
小規模企業共済等掛金控除	⑭	60000
生命保険料控除	⑮	70500
地震保険料控除	⑯	
寡婦、ひとり親控除	⑰〜⑱	0000
勤労学生、障害者控除	⑲〜⑳	
配偶者(特別)控除	㉑〜㉒	
扶養控除	㉓	
基礎控除	㉔	480000
⑬から㉔までの計	㉕	1037518
雑損控除	㉖	
医療費控除	㉗	
寄附金控除	㉘	
合計 ㉕+㉖+㉗+㉘	㉙	1037518

税金の計算		
課税される所得金額 (⑫-㉙)又は第三表	㉚	1943000
上の㉚に対する税額 又は第三表の㊸	㉛	97150
配当控除	㉜	
	㉝	
	区分	㉞	00
政党等寄附金等特別控除	㉟〜㊲	
住宅耐震改修特別控除等 区分	㊳〜㊵	
差引所得税額	㊶	97150
災害減免額	㊷	
再差引所得税額(基準所得税額) (㊶-㊷)	㊸	97150
復興特別所得税額 (㊸×2.1％)	㊹	2040
所得税及び復興特別所得税の額 (㊸+㊹)	㊺	99190
外国税額控除等	㊻〜㊼	
源泉徴収税額	㊽	
申告納税額 (㊺-㊻-㊼-㊽)	㊾	99190
予定納税額 (第1期分・第2期分)	㊿	
第3期分の税額 納める税金	51	99100
還付される税金	52	
修正申告 修正前の第3期分の税額	53	
第3期分の税額の増加額	54	00

その他		
公的年金等以外の合計所得金額	55	
配偶者の合計所得金額	56	
専従者給与(控除)額の合計額	57	
青色申告特別控除額	58	650000
雑所得・一時所得等の源泉徴収税額の合計額	59	
未納付の源泉徴収税額	60	
本年分で差し引く繰越損失額	61	
平均課税対象金額	62	
変動・臨時所得金額	63	
延納の届出 申告期限までに納付する金額	64	00
延納届出額	65	00

還付される税金の受取場所 銀行・金庫・組合・農協・漁協 本店・支店・出張所・本所・支所
郵便局名等
預金 普通・当座・納税準備・貯蓄 種類
口座番号記号番号

公金受取口座登録の同意　公金受取口座の利用

整理欄 区分 異動 補充 A B C D E F G H I J K

事業所得金額を記入。 青色申告決算書の「㊺所得金額」を転記。

ほかの所得も合算した金額を記入。

所得控除の合計を記入。

青色申告による特別控除を利用する場合には、控除額を記入する。

㉚の金額に2.1％をかけて算出。

㊸と㊹の数字を合算した数字を記入。

所得税と復興特別所得税の源泉徴収税額があれば、その額を記入。

㊺から㊽の額を差し引く。㊻㊼外国税額控除等もあればその額も差し引く〈100円未満切り捨て〉。これが納税額。

210

第6章 個人事業と税金

社会保険料などの種類と保険料、合計額を記入。第一表の⑫と一致しているかを確認。

小規模事業共済などに加入している場合は、掛金と合計額を記入。

生命保険料控除を受ける場合、1年間に支払った保険料の合計額を記入。

○○ 年分の所得税及びの復興特別所得税の 申告書　FA2303

保険料等の種類	支払保険料等の計	うち年末調整等以外
国民健康保険	238,838	
国民年金	188,180	
小規模企業共済	60,000	
新生命保険料		
旧生命保険料	56,400	
新個人年金保険料		
旧個人年金保険料		
介護医療保険料	45,600	

住所: 東京都中野区中野○丁目○番地○号
屋号: 西東ショップ
氏名: 東野 西太郎（ヒガシノ ニシタロウ）

源泉徴収税額がある場合、所得の種類や支払者の情報、金額などを記入。

○ 所得の内訳（所得税及び復興特別所得税の源泉徴収税額）

事業所得以外の所得があれば記入。

○ 総合課税の譲渡所得、一時所得に関する事項（⑪）

○ 配偶者や親族に関する事項（⑳〜㉓）

住民税に関して該当する項目があれば記入。

○ 事業専従者に関する事項（㊼）

○ 住民税・事業税に関する事項

事業税に関して該当する項目があれば記入。

前年中の開(廃)業: 1月10日

開業後、最初の申告であれば、「開始」を○で囲み、開業日を記入。

青色事業専従者がいる場合は、氏名や仕事の内容、年間の給与額などを記入。第一表の㊼と一致しているかを確認する。

For taxes!
▶ 基本知識 ◀
実　践
記入見本

身近だけど知らないことが多い？
消費税のしくみを理解する

消費者から預かって事業者が納める税金

消費税は、国内で商品やサービスを売ったときなどに課される税金です。消費者が負担し、事業者が納税するしくみとなっています。

具体的には、消費者などから受け取った消費税と、商品などの仕入のときに自分が支払った消費税との差額を納税することになります（➡P214）。

このように消費税は消費者から一時的に預かって事業者が納税するものなので、商品やサービスの価格に消費税を含めることを忘れないようにしなければなりません。

開業後2期間までは免税事業者になる

消費税を課税される事業者のことを課税事業者といいます。一方、前々年の課税売上高が1000万円以下となる場合は、納税義務が免除されます。

このような事業者のことを免税事業者といいます。

個人事業者は、事業開始から2期間（年末の決算を2回経過するまで）は免税事業者として扱われます。その後、年間の売上が1000万円を超えれば課税事業者となります。また、特定期間の例外に当てはまる場合には消費税の納税義務が生まれます（➡左ページ上図）。

プラスの知識

消費税を10％に引き上げると同時に軽減税率制度がスタート

2019年10月1日から消費税・地方消費税の税率が8％から10％に引き上げられると同時に、飲食料品などを対象とした軽減税率制度が始まりました（軽減税率の対象品目については、左ページ下表参照）。経理・税務においては、標準税率10％となる売上（仕入）と、軽減税率8％となる売上（仕入）を区分して記帳するなどの「区分経理」が必要になります。

消費税：2021年4月1日より、消費税を含む総額表示の完全義務化がスタートした。店頭でもWEB上でも、総額表示が義務づけられる（希望小売価格など一部を除く）。

消費税の課税事業者と免税事業者

課税事業者か免税事業者かは、下の①～③のルールによって決められる。基本的には前々年の課税売上高が基準になるため、少なくとも事業開始から2期間を経るまでは免税事業者となる。

ルール① 前々年の課税売上高が**1,000万円を超えた場合**は、課税事業者となる。

ルール② 前々年の課税売上高が1,000万円以下で、**特定期間の課税売上高および給与等支払額が1,000万円を超えた場合**は、課税事業者となる。

ルール③ 前々年の課税売上高が1,000万円以下で、**特定期間の課税売上高または給与等支払額が1,000万円以下の場合**は、免税事業者となる。

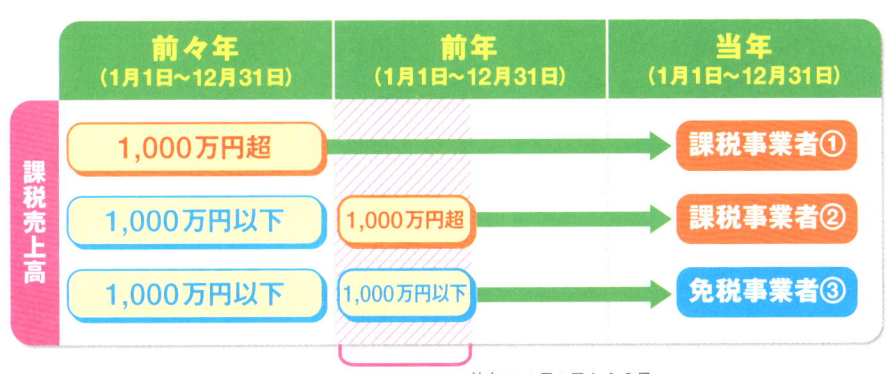

課税売上高	前々年（1月1日～12月31日）	前年（1月1日～12月31日）	当年（1月1日～12月31日）
	1,000万円超		課税事業者①
	1,000万円以下	1,000万円超	課税事業者②
	1,000万円以下	1,000万円以下	免税事業者③

特定期間：前年の1月1日から6月30日までの期間のこと。

軽減税率と標準税率の区分

軽減税率の対象となるのは、お酒や外食サービスをのぞく飲食料品、週2回以上発行される新聞など。おもな対象品目は下記のとおり。

	軽減税率8%	標準税率10%
飲食料品	・ミネラルウォーターなどの飲料水 ・ノンアルコールビール、甘酒、みりん風味調味料 ・野菜、精肉、鮮魚、精米、パン類、菓子類	・水道水 ・酒類、料理酒、みりん（アルコール1度以上のもの）
食事	・牛丼屋やファストフード店のテイクアウト ・コンビニの弁当・惣菜の持ち帰り販売 ・そば屋やピザ屋などのデリバリー ・屋台での飲食料品の持ち帰り販売	・牛丼屋やファストフード店の店内飲食 ・コンビニのイートインスペースでの飲食 ・レストランでの飲食 ・フードコートでの飲食
新聞	・週2回以上発行し、定期購読される新聞	・電子版新聞やコンビニで販売される新聞

課税売上高：消費税の課税対象となる売上高。消費税や売上を返還した金額（税抜）は含まれない。

2つの計算方法を理解しよう！ 消費税の計算の仕方

基本知識
▶ **実　践** ◀
記入見本

For taxes!

消費税のしくみに従って計算する原則課税方式

消費税の計算方法には、①原則課税方式と②簡易課税方式の2種類があります。

まず、①**原則課税方式**についてです。そもそも消費税は、事業者が消費者から受け取った消費税を納めるものですが、事業者も商品や原材料を仕入れたり、設備や備品などを購入したりするときに消費税を支払っています。

そのため、事業者が受け取った消費税（売上にかかる消費税）から、支払った消費税（仕入にかかる消費税）を差し引くことで、消費税の納付額が求められます。

原則課税方式は、このような消費税や計算の手間が減ります。これが簡易課税方式の原則的なしくみにしたがって計算する方法となります。

みなし仕入率をかけて求める簡易課税方式

次に②**簡易課税方式**についてです。

原則課税方式は、受け取った消費税と支払った消費税をすべて記録しなければならず、そのために大変な手間と時間がかかります。

そこで、より簡単な計算方法として、**売上にかかる消費税額に「みなし仕入率」をかけて、納付する消費税額を求める方法**もあります。仕入にかかる消費税をまとめる必要がないので、記録をまとめる必要がないので、記録や計算の手間が減ります。これが簡易課税方式です。

「みなし仕入率」とは、売上にかかる消費税額に対して、仕入にかかる消費税額がどの程度の割合になるのかを業種ごとに推定したものです。たとえばみなし仕入率は、小売業では80％、飲食業では60％とされています（→左ページ）。

簡易課税方式によって計算をするためには、**前々年の課税売上高が5000万円以下であることが条件**となります。また、簡易課税方式を適用する年の前日（12月31日）までに、「消費税簡易課税制度選択届出書」を税務署に提出しなければなりません。

課税売上高：消費税の課税対象となる売上高のこと。お客さんから消費税を受け取った取引の売上金額を合計することで求めることができる。

原則課税方式と簡易課税方式

❶ 原則課税方式

納付税額 = 課税期間の課税売上高 × 10％ － 課税期間の課税仕入高 × 10％

- 課税期間の課税売上高 × 10％ → 売上にかかる消費税額
- 課税期間の課税仕入高 × 10％ → 仕入にかかる消費税額

❷ 簡易課税方式

納付税額 = 課税期間の課税売上高 × 10％ － [課税期間の課税売上高 × 10％ × みなし仕入率]

- 課税期間の課税売上高 × 10％ → 売上にかかる消費税額
- 課税期間の課税売上高 × 10％ → 売上にかかる消費税額

中間申告が必要な場合もある！

前年の消費税額が48万円を超えた場合（地方消費税を除く）には、超えた金額に応じて（48万円超で年1回、400万円超で年3回、4,800万円超で年11回）、確定申告前に消費税の申告・納付が必要になる。

業種	みなし仕入率
① 卸売業	90％
② 小売業	80％
③ 製造業等	70％
④ 飲食店業のほか①〜③と⑤〜⑥以外の事業	60％
⑤ 運輸通信業・サービス業、金融業、保険業	50％
⑥ 不動産業	40％

例 小売店を経営するAさん

課税期間の課税売上高 **1,400万円**
課税期間の課税仕入高 **1,000万円**

❶ 原則課税方式の場合
1,400万円×10％－1,000万円×10％＝140万－100万＝ **40万円** …これが消費税

❷ 簡易課税方式の場合
1,400万円×10％－（1,400万円×10％×80％）＝140万－112万＝ **28万円**

課税仕入高：消費税の課税対象となる仕入高のこと。消費税が課税される取引の仕入金額の合計額から、その仕入にかかる仕入返品や仕入値引などにかかる金額を差し引いて求められる。

For taxes!
- ▶ **基本知識** ◀
- 実　践
- 記入見本

住民税と事業税のしくみ
課税のしくみを覚えて準備しておこう！

住民税は所得割と均等割の合計額を納める

住民税とは、地方自治体による行政サービスに必要な経費をまかなうために、居住者に対して課すものです。住民税は、①**所得割**と②**均等割**からなっています。

①**所得割は、前年の所得金額に所定の税率をかけて計算されます**。一方、②**均等割は所得金額にかかわらず、定額で課税されます**。この2つを合計した金額を納めることになります。均等割の税額は地方自治体によってそれぞれ異なるので、各自治体のホームページなどで確認してください。

事業税は事業によって税率が変わる

事業税は、法律で定められた事業を行っている事業者に課されるものです。**前年の事業所得に対して課税**され、原則、住所地の都道府県に納めます。

事業税の対象となる事業は、第1種事業、第2種事業、第3種事業に分けられており、それぞれで税率が異なっています（◆左ページ図）。

住民税も事業税も、確定申告で申告・納付した所得税をもとに計算され、各自治体から納税通知書と納付書が送られてきます。それらにしたがって納付するようにしましょう。

住民税の計算方法を知ろう

住民税は所得割と均等割の合計が納税額となる。

所得割 ← 所得が増えると税額が増える
前年の課税所得×10％
（内訳：都道府県税4％＋市区町村税6％）

＋

均等割 ← **所得金額に関係なく定額**
税額は地方自治体によって異なる

＝

住民税の納税額

都道府県税：都道府県に納める税金。個人や法人が納める都道府県民税（住民税）や事業税、不動産取得税、自動車税などがあり、都道府県のおもな財源となる。

事業税の計算方法を知ろう

事業税は前年の事業所得に、法定事業ごとの税率をかけて求められる。基本的には、ほとんどの事業がこの3種の事業のどれかに該当することになる。

事業税額 = [前年の事業所得 − 事業主控除 290万円] × 法定事業ごとの税率

▶ 法定事業

区分	税率	事業の種類
第1種事業 （37業種）	5%	●物品販売業 ●運送取扱業 ●料理店業 ●遊覧所業 ●船舶ていけい場業 ●保険業 ●飲食店業 ●商品取引業 ●金銭貸付業 ●倉庫業 ●周旋業 ●不動産売買業 ●物品貸付業 ●代理業 ●駐車場業 ●広告業 ●不動産貸付業 ●請負業 ●仲立業 ●興信所業 ●製造業 ●印刷業 ●問屋業 ●案内業 ●電気供給業 ●出版業 ●両替業 ●冠婚葬祭業 ●土石採取業 ●写真業 ●公衆浴場業（むし風呂等） ●電気通信事業 ●席貸業 ●演劇興行業 ●運送業 ●旅館業 ●遊技場業
第2種事業 （3業種）	4%	●畜産業 ●水産業 ●薪炭製造業
第3種事業 （30業種）	5%	●医業 ●公証人業 ●設計監督者業 ●公衆浴場業（銭湯） ●歯科医業 ●弁理士業 ●不動産鑑定業 ●歯科衛生士業 ●薬剤師業 ●税理士業 ●デザイン業 ●歯科技工士業 ●公認会計士業 ●諸芸師匠業 ●測量士業 ●弁護士業 ●獣医業 ●計理士業 ●理容業 ●土地家屋調査士業 ●司法書士業 ●社会保険労務士業 ●美容業 ●海事代理士業 ●行政書士業 ●コンサルタント業 ●クリーニング業 ●印刷製版業
	3%	●あんま・マッサージまたは指圧・はり・きゅう・柔道整復その他の医業に類する事業 ●装蹄師業

市区町村税：市区町村に納める税金。個人や法人が納める市区町村民税（住民税）、土地や建物などに課す固定資産税などがあり、市区町村のおもな財源となる。

For taxes!
基本知識
▶ 実 践 ◀
記入見本

知っておきたい節税のノウハウ
税金を減らす方法はたくさんある！

おもに3つの節税方法が考えられる

個人事業者にとって、節税は大きな関心事のひとつ。節税の方法として、①**経費を増やす**、②**ささいな経費も計上する**、③**各種の控除を最大限に活用する**などがあります。

①経費を増やすことについて、まず課税の基本となる所得は、売上（収入）から経費を引いて求められます。つまり、売上が増えれば税負担が重くなり、経費が増えれば税負担が軽くなるわけです。

そこで、12月時点で予想以上に売上があった場合には、経費を増やす方法を考えてみましょう（↓下図）。

経費を増やして所得を減らす

経費が増えればその分、所得は低くなるので税負担も軽くなる。とくに決算前の12月に売上が大きく増えた場合は、注意が必要だ。上手に経費を増やす方法を考えてみよう。

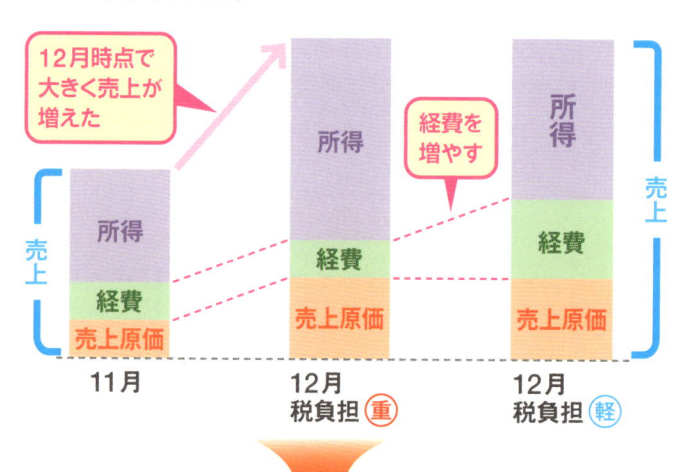

- 12月時点で大きく売上が増えた
- 11月：所得／経費／売上原価
- 12月 税負担【重】：所得／経費／売上原価
- 経費を増やす
- 12月 税負担【軽】：所得／経費／売上原価

上手に経費を増やすことで、所得を減らす方法を考える！

例
- 翌期に購入する予定だった備品を当期中に買う。
- 従業員に**決算賞与**を支払う。

決算賞与：決算時の業績がよかった場合に、従業員に臨時に支払う賞与のこと。節税対策になるだけでなく、従業員のモチベーションアップにもつながる。

② ささいな経費も計上することも、所得を減らすためには大切です。見落としている経費がないか、細かくチェックしましょう。ただし、架空の経費を計上するような真似は「脱税」になるので、くれぐれも行わないでください。

青色申告などの特典を利用して節税する

③ **各種控除を活用する**方法としては、青色申告の特典の利用が大きいでしょう。**最大65万円の特別控除などが認められています**（→P102）。赤字になった場合には、損失を3年間にわたって繰り越せる**純損失の繰越し**（→P102）も効果的です。

ほかにも効果的な節税方法として、国などが社会政策の一環で行う**優遇税制**もあります。期間限定で設けられることが多いので、利用できる制度がないか探してみましょう。

第6章 個人事業と税金

こんなものも経費になる

経費が増えれば、それだけ所得が低くなるので税額が少なくなる。下のようなものも経費になるので、見落としがないかチェックしてみよう。

¥ 取引先とバーに行った費用は接待交際費になる

事業のために得意先の接待に使った費用であれば、接待交際費になる。**取引先とバーで飲んだ場合**も、仕事の一環なら経費になる。

¥ 事業のための借金の利子は利子割引料になる

事業用資産を購入するために借りたお金に対する**借入金の利子**（利子割引料）も経費にできる。ただし、元本は経費にならない。

¥ 従業員のお茶代は福利厚生費になる

慰安旅行や**忘年会**の費用、**祝い金**や**香典**などの慶弔費、休憩時間などに**飲むコーヒー**や**お茶**などの費用も福利厚生費になる。

¥ 荷造運賃は配送料だけではない

ダンボール箱や**包装紙**、**ガムテープ**、**ひも**などの材料費、**包装作業**のための**人件費**も荷造運賃になる。

¥ 新聞や雑誌の購入費は経費にできる

事業に必要な情報を収集するためなら、**新聞**や**雑誌**、**書籍**の購入費も経費になる。

¥ 年賀状は広告宣伝費になる

年賀状や**名刺**を作成するのにかかった費用も広告宣伝費になる。

脱税：違法なやり方で、納税をのがれる行為。たとえば、意図的に利益の一部または全部を隠したり、架空の経費を計上したりして、実際よりも少ない所得で確定申告することが当てはまる。

予定納税で結果的に得することもある

節税とは少し意味合いが異なりますが、**予定納税を行った場合には、税金面で得をすることがあります。**

予定納税とは、前年の納税額が15万円を超えている場合に、当年の所得税の一部を前もって仮納付する制度のことです。**予定納税で納めた税金は、確定申告の際に差し引かれるので確定申告時に納める分を減らすことができます。**

また、実際の所得税の納税額がそれより少なかった場合、つまり予定納税によって払いすぎていた場合には差額が還付されます。

この還付される差額には、==還付加算金==とよばれる利子がつきます。その利率が一般に高率であるため、予定納税をすることが得策となる場合があるのです。

青色申告の特典・純損失の繰越し

「純損失の繰越し」とは、事業で生じた純損失の金額を3年間にわたって、各年の所得金額から差し引くことができるしくみのこと。つまり、赤字が出た年の損失を翌年以降に繰り越して、翌年以降の所得を低くすることで税額を減らすことができる。

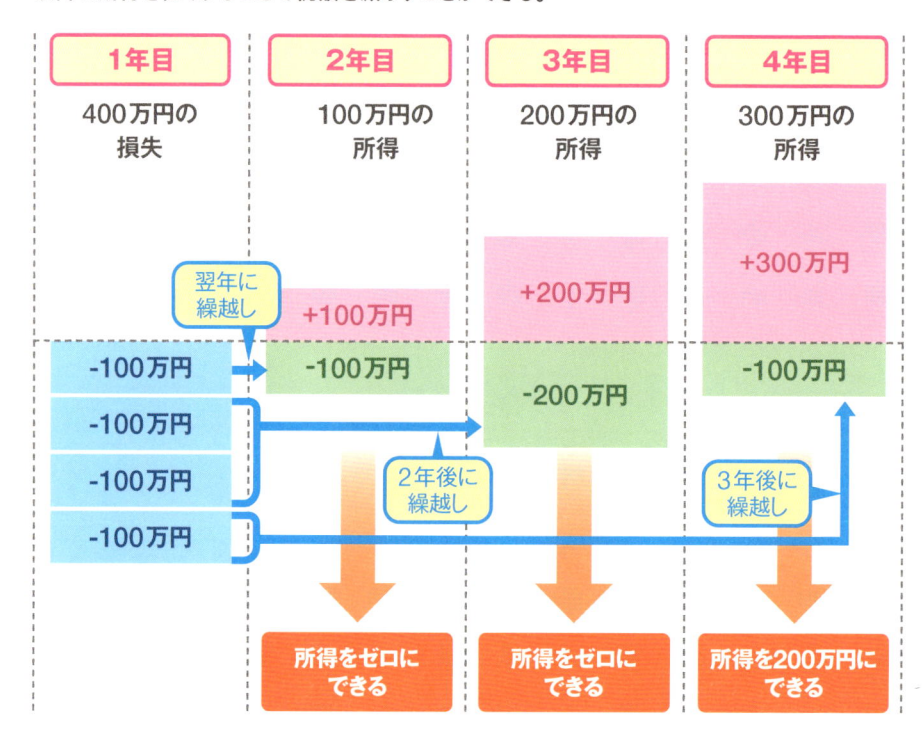

1年目	2年目	3年目	4年目
400万円の損失	100万円の所得	200万円の所得	300万円の所得
	+100万円	+200万円	+300万円
-100万円（翌年に繰越し）	-100万円	-200万円	-100万円
-100万円			
-100万円	（2年後に繰越し）		（3年後に繰越し）
-100万円			
	所得をゼロにできる	所得をゼロにできる	所得を200万円にできる

還付加算金：納税者が納めすぎた税金の返還を受ける場合に、納付済みの金額に加算する形で、納税者に対して支払われる利息相当分のお金のこと。

課税事業者になって還付金を受け取る

消費税の還付を受けることで、節税する方法もあります。

そもそも消費税の基本は、消費者などから受け取った消費税と仕入のときに支払った消費税との差額を納めることです。

そのため、仕入時に支払った消費税額が、消費者などから受け取った消費税額よりも多ければ、その差は返されることになります。

そこで、「事業開始時に内装工事などの多額の設備投資を行うから、消費税をたくさん支払うことになるかもしれない」など、**支払う消費税のほうが高くなると予想されるのであれば、あえて消費税の課税事業者になることを選んでもよいでしょう。**

そうすることで、多額の還付金を受け取れる可能性があります。

消費税の還付のしくみ

消費税は、受け取った金額よりも支払った金額のほうが多い場合、その差額を返してもらうことができる。ただし、この還付を受けられるのは、課税事業者に限られる。

商品などを仕入れるときに支払った消費税： **300万円**

商品を売ったときに受け取った消費税： 100万円

300万円 − 100万円 = 200万円 の還付を受けられる！

事業開始時に課税事業者になるためには？

開業した課税期間の末日（個人事業者は開業年の12月31日）までに、**「消費税課税事業者選択届出書」を税務署に提出。**

> 1度、課税事業者になることを選ぶと、少なくとも2年間は必ず課税事業者になるので慎重に判断しよう！

還付：もとの持ち主に返すこと。すでに納めた税金が本来納める金額よりも多すぎたり、減免されたりした場合に納税者に返されるお金を還付金という。

ケーススタディ 7
申告・納税後に**間違い**に気づいた
[納税金額の間違いへの対処法]

クレープの移動販売を始めて1年

Iさん

大変なこともあったけどなんとか黒字で1年目を乗り越えた！

確定申告も参考書を見ながら完成させて無事に納税完了♪

えっと〜うちの場合は—…??

と思っていたら…

あれっ!? この売上 計上し忘れているぞ!!

ヤバイ…納税額が変わる…

このままだと脱税したことになる…?

原因
売上を見落として納税額が少なくなった

Iさんは、税金を申告した後に、納税額が少なすぎたことに気づき、慌てることになりました。**見落としていた売上があった**ことが原因ですが、**実際には経費にできないものを計上していた、単純に税額の計算を間違っていた**場合にも、このようなトラブルは起こり得ます。開業初年度などで申告手続きに慣れてないうちは、とくに起こりがちでしょう。

納める税金が少なかった場合には、そのままにしていると「税金のがれ」とみなされ、重たいペナルティが科されることもあります。

また、Iさんとは逆に**納めた税金の金額が多すぎた**と気づくこともあります。納めた税金が多すぎたからといって、税務署が自主的に返してくれることはありません。

222

税金を誤納した場合の対処方法

更正の請求　多く納めすぎた！

1. 更正の請求書を税務署に提出する。
2. 税務署が更正の請求書の内容の検討をする。
3. 納めすぎた税金があると認めた場合には、税金を還付する。

> 更正の請求ができる期間は、原則として法定申告期限から5年以内

修正申告　納めた額が少なすぎた！

1. 修正申告書に必要事項を記入し、税務署に提出する。
2. 新たに納付することになった税金と、それについての延滞税を納める。

（延滞税の割合）
- 納税期限の翌日から2月以内　→　年2.4％
- 納税期限の翌日から2月と1日以降　→　年8.7％

> 遅れた期間に応じて、延滞税がかかってしまう

※上記の％は2025年1月1日から2025年12月31日までの期間限定。原則は、2月以内の場合に7.3％、2月と1日以降の場合に14.6％。

対策　「更正」や「修正申告」でミスを修正する

税金の誤納を防ぐためにはまず、税額の計算ミスや申告書への記載ミスがないように慎重に行うことが大切です。

また、申告期限の前に確定申告書の間違いに気づいた場合は、期限内に改めて正しい確定申告書を提出すれば問題ありません。

では、申告期限後に気づいたときはどうすればよいのでしょうか。納めすぎた場合は「更正の請求」を、納税額が少なすぎた場合には「修正申告」を行うことで修正できます。

「更正の請求」が認められた場合には、余分に納めた税金が戻ってきます。一方、「修正申告」を行った場合には、本来納めるべきだった税金分については、利息として延滞税が課されます。

● 監修者紹介

糸井 俊博
[いとい としひろ]

糸井会計事務所・代表税理士／株式会社TIAN・代表取締役。1972年5月生まれ。横浜国立大学経営学部国際経営学科卒。大手税理士法人にて、個人事業者や中小零細企業から一部上場企業まで、幅広い規模・業種の税務会計コンサルティングを経験。その後、2006年に独立開業。起業・開業・会社設立支援、経理・会計・税務、節税コンサルティング、資金調達コンサルティング、生命保険代理店業務などのサービスを提供している。特に新規開業サポートに力を入れており、開業・会社設立から資金調達、経理体制の立ち上げ、税務会計などのスタートアップのサポートには定評がある。おもな保有資格として税理士、ファイナンシャルプランナー、宅地建物取引士などがあるほか、経営革新等支援機関に認定されている。

● マンガ家紹介

阿部 花次郎
[あべ はなじろう]

マンガ家・米沢りかのアシスタントを経て、『満天の星よりも』で第67回小学館新人コミック大賞佳作を受賞。おもな著書に『コミック版 100円のコーラを1000円で売る方法』全3巻（中経出版）、『マンガ・黄金の接待』（KADOKAWA/メディアファクトリー）がある。

- ● 執筆協力 ── 鈴木健一、高月 靖
- ● デザイン・DTP ── 洪 麒閎、菅沼祥平（スタジオダンク）
- ● イラスト ── 駒見龍也
- ● マンガ着彩 ── サイドランチ
- ● 編集協力 ── パケット

カラー版 マンガでわかる 個人事業の始め方

2015年10月15日発行 第 1 版
2025年 6 月20日発行 第11版 第1刷

- ● 監修者 ── 糸井 俊博
- ● 発行者 ── 若松 和紀
- ● 発行所 ── 株式会社西東社
〒113-0034 東京都文京区湯島2-3-13
電話 03-5800-3120（代）
URL https://www.seitosha.co.jp/

本書の内容の一部あるいは全部を無断でコピー、データファイル化することは、法律で認められた場合をのぞき、著作者及び出版社の権利を侵害することになります。
第三者による電子データ化、電子書籍化はいかなる場合も認められておりません。
落丁・乱丁本は、小社「営業」宛にご送付ください。送料小社負担にて、お取替えいたします。

ISBN978-4-7916-2329-7